THE BETTER BOUNDARIES WORKBOOK

A Cbt-Based Program to Help You Set Limits, Express Your Needs, and Create Healthy Relationships

正向界線練習

照顧好自己，尊重他人
界線使我們專注在最重要的事上

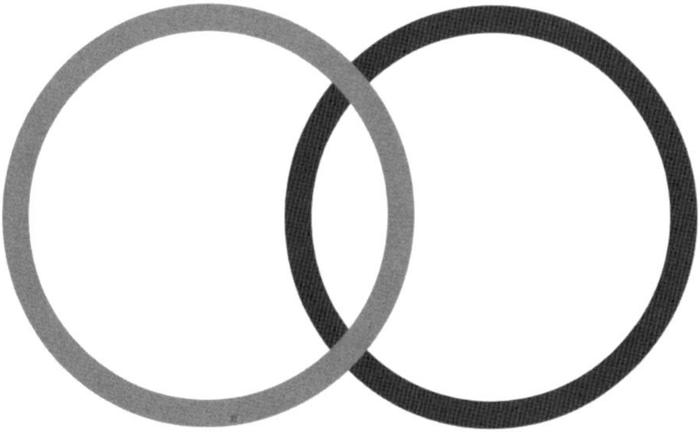

莎朗．馬汀 Sharon Martin／著　謝明憲／譯

目錄

好評推薦

「使用《正向界線練習》就像是與一位智慧又富有同情心的治療師進行個人的療程。你將學會維護自身權益及清晰地表達自己需求的可行之道，從而圓滿所有的人際關係。這本實用的指南所提供的練習和洞見，將使你發揮出最強大的力量和真實的自我。」

——珍妮弗・林德利（Jennifer King Lindley）
健康專欄作家及《發現你的喜悅》（*Find Your Joy*）作者

「在《正向界線練習》中，莎朗・馬汀闡述了一個非常有用但大多數人不易明白、甚至連治療師也難以描述的主題：界線。她不僅清楚而明確地解釋界線是什麼，還逐步引導你建立自己的界線。想知道自己的界線是否需要改善嗎？想知道健康的界線是什麼樣貌，或該如何建立及強化它們嗎？你會在本書找到所有的答案！」

——鍾妮斯・韋伯（Jonice Webb, PhD）
暢銷書《童年情感忽視》（*Running on Empty*）及《童年情感忽視・實戰篇》（*Running on Empty No More*）作者

「這本書對於界線的層次有非常精采的說明。《正向界線練習》是一本簡單易懂的自我改進指南。我最喜歡這本書的地方，就在於它深入淺出地解釋界線的意義，以及界線對我們的幸福造成什麼樣的影響，並提供簡單的工具來增加及保護我們的界線。莎朗．馬汀寫的這本出色的著作，對於促進自我茁壯和心理健康會有非常大的幫助。」

——娜塔莉．瓊斯（Natalie Jones）
終身輔導與諮詢®（Lifetime Counseling and Consulting®）持有人、與黑暗有約®（A Date With Darkness Podcast®）創始人、專家證人、媒體治療師

「《正向界線練習》是一本清晰又充滿關懷的指導書籍，旨在幫助人們建立更強大的界線。莎朗．馬汀再次以這本出色的練習手冊展現她的才華，它是任何不想被占便宜的人的強大工具。當你準備好『下功夫』時，這本書會提供精心設計的練習來讓你深入自己的模式，並教導你如何建立更有益於你的新設定。我喜歡這本書，並且一定會將它推薦給那些遇到界線問題的人。」

——翠西．馬隆（Tracy A. Malone）
自戀者虐待支持團體（Narcissist Abuse Support）創辦人

「界線很容易引發內疚、恐懼或焦慮的情緒，但莎朗使設定界線的困難過程變得簡單可行。它讓我們

了解到界線的重要性，以及如何克服我們在滿足自己的需求時所產生的情緒上的困難。透過這本指南中的許多腳本、短文和其他工具，你將學會在生活的各個領域中循序漸進地保持界線的方法。這是那些苦於討好他人、完美主義或關係成癮的人必讀的一本書。」

——艾波爾・斯諾（April Snow）

《消除壓力的正念練習手冊》（*Mindfulness Workbook for Stress Relief*）作者

「莎朗・馬汀在《正向界線練習》中再次以平易近人的風格分享她的深刻見解和專長。馬汀的著作清晰、實用且通俗易懂，不僅妥善地安排了設定界線、溝通需求和處理界線侵犯的章節，整本書也提供了可行的步驟。我很樂於在未來跟我治療和輔導的人一起使用這本書！」

——伊莉莎白・庫希（Elizabeth Cush）

心理諮商員、人生教練、播客「喚醒你的聰明女人」（Awaken Your Wise Woman）主持人

「《正向界線練習》是目前最全面的資源，可以幫助那些在設定健康的界線、討好他人、自信的溝通方面出現問題的人。莎朗・馬汀巧妙地引領讀者建立清晰又個人化的行動計畫。」

——瑪倪・費爾曼（Marni Feuerman）

社工碩士、心理學博士、心理治療師及《別再用我對你的愛，傷害我》（*Ghosted and Breadcrumbed*）作者

【前言】

設定界線，表達需求，清理內疚和恐懼

歡迎來到《正向界線練習》。

很高興與你分享這本書，因爲根據個人和專業的經驗，我知道健康的界線能改變你的人生。如果你不知道如何爲自己發聲、表達自己的需求、或是做這些事情時會感到內疚或害怕，那麼學會設定界線可以增強你的自尊和自信，並幫助你建立充滿尊重和令人滿意的人際關係。

當然，這並非一蹴可幾的事。如你所知，界線的設定並不容易。但我可以很有把握地說，透過本書介紹的概念和堅定的練習，你便能學會設定有效的界線。

關於本書

身爲心理治療師，我清楚地發現，許多當事人的困擾都與他們的界線設定困難有關，並且需要一本實證的指南來教導他們設定界線的技巧。有鑒於此，我撰寫了這本練習手冊，來分享我治療當事人所用的那些設定界線的實用技巧和策略。

在本書的第一部，你將了解什麼是界線、我們需要界線的理由，以及為什麼設定界線會如此的困難。第二部專門探討建立界線及告訴別人界線的方法，以及如何應對界線的侵犯。在第三部，你將學會與他人建立界線的技巧，對象包括同事、伴侶、子女、親戚、朋友，以及那些難搞的人。而在第四部，你將練習與自己建立界線的技巧，其中包括尊重他人的界線，以及為自己建立健康的限制和習慣。

這本練習手冊採用的是認知行為療法（CBT），它是一種了解我們的想法、感受和行為之間的關聯性的實證方法。本書中的認知行為療法練習，將幫助你辨別那些使你難以設定界線的錯誤想法和信念，並用更正確和有益的思維來取代它們。

除了認知行為療法，我還運用了正念和自我疼惜的概念。透過專注於當下，正念可以幫助你調節情緒，特別是在你感到不堪重負或沮喪時；自我疼惜則在於培養自我接納、心理韌性和積極的動力。

如何使用本書

本書中的概念和練習是建立在彼此之上的，因此我建議你從頭讀到尾。有些章節對你來說可能看似無關緊要，但我仍鼓勵你去閱讀它們，因爲你也許會在每個章節中發現設定界線的有用訣竅。

學習新的技能需要大量的練習。人們在嘗試做出改變時，最大的問題之一，就是他們在尚未充分練習新的想法、感受和行爲而感到習慣和有效之前，就過早地放棄了。因此，我在書中提供各種工具和方法來讓讀者練習。

書面練習

這本練習手冊有豐富的練習和反思的問題，它們是爲了幫助你練習及整合所學的概念。有些可以在閱讀時完成，有些則需要更多的思考，或者要求你在一週左右的時間內完成。請盡力完成所有的練習和問題。

線上資料

爲了方便你重複本書的練習，其中一些練習可以在下列網址以電子文件的形式下載：http://www.newharbinger.com/47582。請額外多列印幾份。如果有幫助的話，可以盡量重複練習。

寫日誌

你可能會發現，用日記或筆記本來記錄你的想法、感受、困難和成功是有幫助的，這會強化你學到的東西，並幫助你克服障礙及追蹤你的進展。

尋求治療

在完成本書中的練習時，你可能會遇到一些困擾的情緒，而治療師可以幫助你處理這些情緒並解決更複雜的界線問題。如果你出現沮喪、焦慮或自殺念頭加劇的症狀，請立即諮詢心理健康或醫療的專業人員。

如果你是治療師並想與當事人一起使用這本書，我還特別爲你寫了一份指南，可在下列網址下載：http://www.newharbinger.com/47582。

結語

設定界線既有挑戰性又能有所回報。這本書可以幫助你克服這些挑戰，並獲得更好的界線所帶來的回報！

【第一部】

認識界線

1

什麼是界線
及
為何需要界線？

界線對於我們的健康、幸福和成功至關重要。然而，設定界線對許多人來說是一項挑戰。我們不習慣爲自己發聲或爲自己的需要開口。我們害怕拒絕他人，因爲我們不想讓人失望或冒犯到別人。我們不再記得自己是誰，以及什麼對我們而言才是重要的，因爲我們過於關注別人想要或需要的東西。結果，我們感到沮喪、疲憊、不被珍惜和受虐待。但我們可以學會以友善的方式設定界線、堅定地表達我們的需求，並建立更令人滿意及充滿尊重的人際關係。

首先，我們將探討界線的功能、缺乏界線會對我們產生什麼樣的負面影響，以及學會設定健康界線的方法對我們有哪些好處。

什麼是界線？

界線是一條分界線，它界定了你的個體身分，以及你如何與他人互動。界線界定了什麼是我的（我的身體、我的感受、我的財產、我的責任等等）和什麼不是我的。界線還傳達了我們希望別人如何對待我們、對我們來說什麼是可接受和不可接受的，以及我們希望在肉體上和情感上與他人保持多少距離。

界線有許多種形式。例如，身體的界線保護你的空間、身體和財產；性的界線保護你的同意權，讓你可以要求你在性方面的需要，並接受伴侶對性史的誠實；情感的界線讓你有自己的想法和感受，並保護你免於受到忽視或背叛之類的情感傷害；時間的界線幫助你管理時間，這樣你就不會應允那些你不想做的事，也不會工作過度。

界線區分你和我

界線的主要功能之一是區分一件事物與另一件事物——或以本書的立場來說，區分一個人和另一個人。界線明確表明你是獨一無二、自主的個體，而不是他人的延伸，譬如說你的父母或配偶。這種區分很重要，因爲它界定了你的身分，並澄清了你該負責和不必負責的事物。

設定界線就是在主張自己的個體性。我們都有自己的思想、感受、價值觀、目標和興趣，但有時別人會因爲我們的不同而感到威脅或困惑，因而希望我們跟他們一樣地思考、感受和行動。同樣的，我們也可能害怕與眾不同而擔心遭受批評或排斥，於是我們將眞實的自我隱藏起來，任由別人來決定我們的身分。心理學家用「糾纏」（enmeshment）一詞來描述這種無法區分的情況。在糾纏的關係中是沒有界線存在的。每個人都應該遵守規定，亦即每個人都必須以相同的方式思考、感受和行動。在糾纏在一起或沒有界線的關係中，你的人生都活在別人想要你做什麼或他們認爲正確的事情上，而不是你自己做的決定。

界線能使你與他人之間有著健康的區隔，並界定了你的身分，如此一來，你才可以做自己，並做出自己的正確選擇。

界線界定你的身分

缺乏界線可能使你無法確定自己的身分、需求、喜好、重視的事物和信念。沒有界線，你會失去眞正的自我，因爲你和別人之間沒有區隔。克莉絲汀是一個很好的例子，她爲我們展示了當我們沒有界線時，我們是怎樣「迷失自我」的。

克莉絲汀的生活過得很不錯。藝術教學的新工作令她興奮不已，並且固定在週六的早上和一群密友一起訓練半程馬拉松。週日晚上，她自願擔任青少年危機熱線的義工，這件事對她來說非常重要，因爲她的妹妹也曾罹患憂鬱症。然而，當她開始和尼克約會後，這一切都變調了。尼克的情緒多變且易怒，隨著他們的關係發展，克莉絲汀的情緒也受到了影響。她花越來越多的時間試圖讓尼克感覺好一點、幫助他找到一份更有成就感的工作，並鼓勵他去看心理治療師。她放棄了危機熱線的志願工作來陪尼克，但尼克總是在車庫裡忙自己的事。她也減少了和朋友一起跑步的時間，因爲尼克覺得他們是「自大狂」。相反的，克莉絲汀和她的朋友會與尼克的朋友一起互動。克莉絲汀覺得他們不成熟，但爲了不惹尼克生氣，她也只好不發一語。

克莉絲汀從一個快樂、自信、有目標、有親密的朋友、知所輕重的女人，轉而變得孤獨和沮喪。她放棄了自己的興趣和朋友。她把尼克的情緒和問題吸收過來變成她自己的。她不知道如何在自己和尼克之間保持界線，因而被尼克的感受、需求和興趣所吞噬。

我們很容易看出克莉絲汀在遇到尼克之前和之後的差異，但如果這種情況是發生在童年，那麼要發現這一點就更難了，因爲你可能尚未發展出強烈的身分認同和目標。

界線界定你該負責的事

在克莉絲汀的故事中，我們看見她將尼克的責任攬在自己身上，並試圖為他解決這些問題。從某方面來說，這是一種關懷的表現；但終究來說，這些並非她能解決的問題。她可以為尼克提供支持和指引，但她無法為他找到一份更有成就感的工作或讓他去接受治療。這些事情是在尼克的控制範圍內，因此是他的責任。

我們再來看一個例子，它突顯出界線如何界定我們該負責之事。

弗雷迪發現他的妻子瑪麗亞總是在深夜給某位男同事發訊息，並分享她個人的事情和照片。弗雷迪認為這是不妥的，並且感到受傷和憤怒。他向瑪麗亞提出質疑，而她的回答是：「這有什麼好大驚小怪的？反正你也都不回家！我是因為太孤單了，所以才發訊息給詹姆斯！」瑪麗亞沒有為自己的行為（給詹姆斯發訊息）或她的感受（孤單）負責，相反的，她責怪弗雷迪，試圖讓他為她的行為和感受負責。弗雷迪可能對他們的婚姻問題負有責任，但他不應該為瑪麗亞的行為或感受負責，畢竟這兩者都不是他能控制的事。

界線幫助我們界定自己的個體性，因此也清楚地讓我們知道，我們應該爲自己的思想、感受、行爲、言語和身體負起責任。但對於我們無法控制的事情，亦即別人的感受和行爲，我們就無法負責了。

如同你在弗雷迪和瑪麗亞的例子中看到的那樣，不清晰的界線可能導致責怪以及期望別人解決你的問題。當有健康和適當的界線時，每個人都能對自己的感受和行爲負起責任。

界線是設定限度

界線的另一個主要功能是設定限度。界線傳達了你想要如何被對待、你的需求和期望。限度是必要的，因爲它們能保護你免於他人的傷害。

你也必須爲自己設定限度。界線能引導你的決定和行爲，並阻止你做出那些對你自身無益之事，例如飲酒過量或過度消費。爲自己設定限度還能確保你專注在最重要的事情上，並根據你的目標和價值觀來安排你的時間、精力和金錢。

界線提供身體和情感的安全

安全是我們最基本的需求之一。我們需要身體免於受傷的安全和情感上的安全感，以形成信任的關係、對自己感覺良好、解決複雜的問題等等。一九四〇年代，心理學家亞伯拉罕・馬斯洛（Abraham Maslow）提出了需求層次理論，至今這仍是一種有用的概念。此理論認爲人類必須先滿足最基本的需求，然後才能將時間和精力投入到更複雜和抽象的需求上，例如受人欣賞或從事有意義的工作。馬斯洛將安全放在需求層次結構的較低級別，僅高於我們的生理需求（食物、水、住所、睡眠）。

身體的安全

拒絕搭乘酒後駕駛者的車，或要求具有攻擊性的人離開我們的家，這些都是我們爲了保護身體的安全而設定界線的例子。另一個例子是保護令，在這種情況下是由法官設定界線，用於保護某人免於身體的傷害。這些界線的類型界定了他人對待我們的方式，以及我們爲了保護自己而採取的行動。倘若我們不設定界線，就有受傷的風險。

情感的安全

通常而言，我們面臨的危險不是身體上的，而是情感上的。雖然情感的痛苦並不會對生命造成威脅，但它和身體的疼痛一樣真實，同樣會令人痛苦。當我們發生以下的情況時，我們的情感安全就受到了威脅：

- 受到霸凌
- 被輕視或被人用貶低的詞語稱呼我們
- 經常受到批評
- 被欺騙
- 冤枉地揹黑鍋
- 被人羞辱或說我們不夠好
- 被大聲呵斥

- 被背叛或出軌
- 與捉摸不定或容易發怒的人在一起

即使是被陌生人孤立也可能令人痛苦。而當自己愛的人經常做出這類行爲時，就更令人痛苦不堪了。

界線是保護我們的情感安全免於受到威脅的方法，因爲這傳達了我們希望如何被對待，以及我們將接受別人的什麼事情。舉例來說，當你的姊妹開始對你咒罵時，你可以透過掛斷電話來設定界線以維護情感的安全，或者你可以要求父親停止對你的外表發表諷刺的評論。

界線確保你專注於最重要之事

除了保護身體和情感的安全外，界線還保護我們免於工作過度、自不量力、過度付出、被占便宜，以及做出不符合我們的價值觀和優先事項的事情。

倘若我們有無限的時間、精力和金錢，那麼任何事情我們都可以接受。但事實是，我們的資源是有限的，我們必須謹慎思考如何利用自己的時間、精力和金錢。界線作爲一種限度，能確保我們將資源用於最重要的事物上。譬如說，如果我對每一項交辦的工作都來者不拒，我就會工作過度，以致沒有足夠的時間和精力陪伴家人。此外，由於我重視優質的家庭時光，我就必須透過設定工作時間的界線來保護它。

如你所見，接受某件事就表示你必須拒絕其他的事；反之，當你拒絕了某件事或設定一個界線時，它就爲你最重視的事情釋放出資源。

至目前爲止，我們所談的界線是區分一個人與另一個人的分界線，並釐清我們各自應該負責的事。界線作爲一種限度，能保護我們免於身體上和情感上的傷害，以及避免將時間、精力和金錢浪費在我們不重視的事情上。

你如何定義界線？試著寫下你自己的定義。

沒有界線的話會發生什麼事？

有時候，理解界線爲何如此重要的最簡單方法，就是去思考當我們沒有界線時會發生什麼事。我們來看亞莉克絲和瓦昆因缺乏界線所受到的影響。

亞莉克絲剛哄完兩個小女兒午睡，此時門鈴響了。她立刻怒火中燒，因爲她的朋友和家人都知道此時是她女兒的午睡時間，她甚至在門口貼了一張「請勿打擾」的字條。孩子們在睡覺。亞莉克絲的母親站在門口，手臂上掛滿了氣球和袋子。「你不請我進去坐嗎？」她生氣地問。「媽，現在不是時候。」亞莉克絲說著，嬰兒開始哭了。現在兩個女孩都醒了，而亞莉克絲原本打算完成沒做完的家務及回覆一些郵件，但這個計畫很快就泡湯了。「我給你帶了情人節的小禮物！」她的母親興奮地說著，並將一包包的糖果倒在客廳的地板上。「謝謝媽。」亞莉克絲回答道。但她內心眞正的想法是，她明明知道我們不讓孩子吃糖果，卻總是在找我麻煩。兩個小時後，亞莉克絲的母親終於離開了，只留下一堆糖果紙和兒童手工材料包、兩個疲倦不堪和任性的孫女，還有快要哭出來的亞莉克絲。亞莉克絲不僅對母親的打擾或無視她的意願感到憤怒，也對自己允許這種情況發生感到生氣。她氣的是，自己都已經三十五歲了，卻還不知道如何拒絕母親。

瓦昆看著他的行事曆，馬上覺得自己快崩潰了。他每隔三十分鐘就有一次學生輔導會議，午餐時間要教生活技能課，放學後還要開會，然後還要照顧自己的家庭。他一時出現一個念頭，要是有學生因病缺席就好了，這樣他就可以暫時喘一口氣，但他立刻覺得自己這樣太自私而感到內疚。瓦昆渴望幫助他人，這就是他成爲學校社工的原因。學校預算縮減時，他同意輔導額外的學生。當學校發現青少年吸電子煙會造成問題時，他自願在晚上舉辦家長座談會。他經常把必須耗費數小時才能完成的文書工作帶回家，並爲學生遭遇的困難而耗盡精神。瓦昆的睡眠越來越不足。他放棄了游泳，因爲他已沒有足夠的體力。由於幾乎見不到妻子和孩子，夫妻之間的關係也受到了影響。瓦昆不是自私的人，相反的，他在工作中付出許多，卻沒有留下什麼給自己或家人。

亞莉克絲在她的個人生活中努力維持界線，瓦昆在工作中則是沒有設定界線，他們兩人都付出了巨大的代價。他們感到筋疲力盡、憤怒和被利用。他們的人際關係受到了影響。他們覺得內疚，並且無法滿足自己的需求。尤其是瓦昆特別感到疲憊，因爲他自己的情緒與學生的情緒之間沒有界線，他將學生的感受吸收到自己身上而成爲他的一部分。

界線是雙向的

談到界線相關的問題時，我們通常會想到當我們沒有設定界線或他人不尊重我們的界線時，我們會受到怎樣的傷害。但記住這一點很重要：界線是雙向的。我們有許多人必須努力尊重他人的界線，而不僅僅是堅持自己的界線而已。

當我們不尊重他人的界線時，我們可能會對他們造成傷害。你可能不會造成他們身體上的傷害，但你可能會侵犯到他們的個人空間或隱私，因而使他們感到不舒服；或者你可能會因爲沒歸還借來的物品、不信守承諾、或在你對某人了解不夠深的情況下便透露過多的個人信息，因而對某人造成了傷害。

現在，我們把重點轉向你為什麼想知道設定界線的方法。利用以下的檢查表來確認，缺乏一貫的界線會對你的生活造成什麼樣的負面影響。

- □ 你害怕拒絕，並且不想讓人失望。
- □ 當你想要某個東西或受到虐待時，你不敢為自己發聲。
- □ 你經常感到憤怒、怨恨或不堪負荷。
- □ 你沒有告訴別人你的期望。
- □ 你在身體上或情感上感到不安全。
- □ 你沒有抽出時間來照顧自己。

- [ ] 當你設定限度或為了自己而做某些事情時，你會感到內疚。
- [ ] 你做出事後感到後悔的承諾。
- [ ] 你經常排滿行程、匆忙或疲憊。
- [ ] 你出於義務而做事，而不是出於自己的意願。
- [ ] 你沒有足夠的時間與你關心的人共度優質的時光。
- [ ] 你對自己的身分、價值觀、興趣和目標缺乏明確的感受。
- [ ] 你了解他人的感受，但並非每次都知道自己的感受。
- [ ] 你接受那些不是你做的或你無法控制之事的責備。
- [ ] 你幫別人做他們自己可以完成的事，而使他人變得不負責任。
- [ ] 你覺得有義務回答個人的問題。
- [ ] 你把金錢或個人物品借給不會歸還的人。
- [ ] 人們利用你。
- [ ] 你的孩子不尊重限度，對你沒大沒小。
- [ ] 你的孩子為所欲為或被寵壞了。

□ 你在工作上感到筋疲力盡。
□ 你花大量的時間、精力或金錢試圖修復或解決他人的問題。
□ 你沒有直接表達自己的感受和需求，而是採取消極的抵抗行為。
□ 你覺得自己不重要，或不如他人重要。
□ 你透露過多個人的信息，或在建立信任之前就與人親近。
□ 你把自己應該負責的事情歸咎於他人。
□ 你不尊重他人的隱私、財物、感受或身體而對他們造成傷害。
□ 你在自律方面有困難（管理金錢、時間、飲食、社群媒體的使用等等）。

缺乏界線還在其他哪些方面對你造成負面的影響？（盡可能具體說明。）

了解缺乏界線帶來的負面影響固然重要，但光是看到一堆問題就可能會令人感到沮喪或不堪負荷，因此，我們不會一直專注在負面的影響上。本書將教你設定界線及克服這些問題所需要的技巧。

設定界線的好處

既然你對界線不足所產生的問題有了清晰的了解，現在我們來看界線如何改善你的生活，特別是你的人際關係、健康和自尊心。

界線能改善人際關係

人們通常會避免設定界線，因爲他們害怕界線會產生距離或衝突而破壞彼此的關係。的確，設定界線一開始可能會遭到某種抗拒。然而，大多數人會適應你的界線，而你的人際關係將因爲更清晰的溝通、誤解和衝突的減少，以及更多的信任、尊重和連結而變得更加穩固。

人際關係和職業關係是建立在開放和誠實的溝通上。界線是我們向他人傳達自己的期望的方式：我們想要什麼、需要什麼、希望如何被對待，以及如果我們的期望沒有得到滿足，我們將採取哪些行動。如果我們不傳達我們的期望和需求，別人就不會知道我們對他們的期望，以及他們可以對我們期望什麼。

了解彼此的期望能減少誤解和爭執。例如，如果沒有給正值青春期的兒子設定宵禁的時間，之後我對他回家晚了而發脾氣，他就會感到困惑和不滿，因爲我並沒有明確表達我的期望。此外，他可能很難信任我，因爲我沒有設定清晰的界線。事實上，設定界線，告訴他我希望他在晚上十一點前回家會更爲友善。即使他可能不喜歡這個限制，但他知道我有什麼期望——他有責任在晚上十一點前回家。清晰的界線（例如青少年的宵禁時間）能培養健康的責任感，減少責備、爭論和誤解。

設定界線也增加了滿足我們的需求和期望的機會。不告訴朋友和家人我們想要什麼，卻期望他們能自行讀懂我們的心思，天底下從來沒有這種事！我們需要溝通。儘管提出請求並不保證我們就能得到自己想要或需要的，但清晰而直接地表達它們，我們就更有可能獲得滿足。當我們的需求和期望得到滿足時，我們的人際關係就會變得更加輕鬆和充實。

界線能改善健康

我認爲界線是一種照顧自己的形式，因爲它能保護我們免於身體上和情感上的傷害，同時也捍衛了我們照顧自己所需要的那些時間、精力和金錢。

界線是保護自己免於身體受傷的方式，例如被打擊。界線也可以保護你免於跟情感虐待的家人度過另一個聖誕節，或是跟對你性騷擾的同事一起加班所帶來的精神痛苦。透過安全感的建立，界線保護我們免於壓力相關的健康問題，例如高血壓、心臟疾病、頭痛和失眠。

界線也是一種自我管理工具，幫助我們將健康的習慣擺在第一位，例如充足的睡眠、不飲酒過量、確保有運動的時間和精力。如果沒有界線，我們可能會隨意地浪費時間、精力和金錢，於是就沒有足夠的資源來進行健康的活動，例如接受治療或接種流感疫苗。

界線能改善自尊心

能有自信地表達自己的想法、感受和意見，以及請求自己想要或需要的事物，可以增加我們的力量。設定界線時，你會感到更有自信。你會更清楚地感受到自己的身分，以及什麼事情對你來說才是重要的。你會由於爲自己發聲、不讓別人利用或虐待你而感到快樂。

隨著你學會設定界線，你也會更加珍視自己。當你做那些有助於身心健康的事情時，你的自尊心就會增長。你會認識到自己的價值，你會知道自己的權利和需求與其他人的同樣重要。

你認爲界線將如何改善你的生活？給出一些具體的例子。

界線如何改善你與他人的關係？

界線如何改善你的情感上和身體上的健康？

界線如何改善你的自尊心或你與自己的關係？

即使你了解界線的好處，但對於做出重大改變還是會感到擔憂，這是很正常的。因此在我們繼續之前，請用幾分鐘的時間來承認你對於設定界線的顧慮或擔憂。

你對設定界線有哪些顧慮？過去是什麼阻礙了你設定界線？

總結

通常，學習新的事物最困難的部分就是起頭。因此，給自己一顆金星吧！你已經有了很好的開始。在這一章中，你了解了界線的三個主要功能：界定你的身分和你必須爲哪些事情負責，保護自己免於身體上和情感上的傷害，以及透過專注於最重要的事情來確保自己的需求獲得滿足。你還了解到界線的好處，包括它們如何改善人際關係、健康和自尊心。可惜的是，我們有許多人對於界線是什麼及界線不是什麼，還存在著混淆和錯誤的信息。因此在第二章中，我們將澄清關於界線的一些常見迷思。

2

什麼不是界線
及
如何辨識它們？

第一章概述了界線是什麼，以及它們如何改善你的生活。然而，關於界線有許多的錯誤信息在四處散布，因此搞清楚什麼不是界線也是很重要的。

關於界線的一些常見迷思

我們來探討一些常見的界線迷思，以及如何改變你對界線的負面聯想。這將幫助你了解到你的需求是合理的，並且你值得擁有健康的界線。

界線不等同於要求

在第一章中，我說明了界線是一種照顧自己的形式——你爲自己做的事。界線的主要目的是照顧自己，而不是控制他人。

設定界線時，我們通常會請別人改變他們的行爲。但界線只是一種請求，一種傳達我們的需求或期望的方式，而不是一種要求或者試圖強迫別人按照我們的意願行事。雖然想擁有掌控感是很正常的事（尤其是在危險、不可預測或不適的情況下），但要求很少能如願以償。如果我們把要求僞裝成界線，它們將會受到抗拒，而這反過來又可能使我們不願意設定界線，因爲它們看起來根本行不通。在本書中，我們將不斷地提醒自己，你能控制的只有自己，對他人的影響力則是有限的。所以最好將精力放在照顧自己上，而不是試圖改變他人。

我們還要記住，要求不會建立正向的連結和感受，因爲大多數人都不喜歡被指使他們該做什麼，並認爲這是高高在上和粗魯的行爲。對你的願望或需求提出請求會更具尊重性，並更有可能獲得合作和連結。

界線不是最後通牒

同樣的，界線也不是最後通牒或威脅。最後通牒是向某人提出最後的要求，以及對方不按照你的意願行事時你將如何報復的聲明。最後通牒是建立在控制和懲罰的渴望上。

界線的侵犯應該要有一個後果，但不是最後通牒或威脅。最後通牒與後果之間的區別可能很微妙，因爲它在很大的程度上反映了我們的動機——我們是在試圖懲罰某人，還是在保護自己。同一個陳述可以根據它說出來的方式和原因，而可以是最後的通牒或界線的後果。看看你能否在下列的例子中發現差異。

卡瑪爾的同事露比對他說話很不禮貌，經常用侮辱性的詞語來嘲笑他的口音。卡瑪爾設定了保護自己的一道界線，他說：「露比，你不可以這樣對我說話。你的嘲笑令我感到受傷和尷尬。我希望你別再這樣。如果你繼續嘲笑我，我會向人事部門投訴。」

卡瑪爾是在設定帶有後果的界線，還是發出最後的通牒？這要看情形而定。如果他向人事部門投訴露比的目的是爲了保護自己，那麼它就是後果；但如果他的目的是想讓露比陷入麻煩或透過恐懼來控制她，那麼它就是最後通牒。相反的，如果他說：「如果你繼續嘲笑我，我就會走開或掛斷電話」，那絕對就是後果，而不是最後通牒。脫離令人痛苦的情況是卡瑪爾保護自己的一種方式。根據該情況的具體細節，兩種後果都可能是適當的。

語氣也是我們的動機的良好指標。最後通牒通常是在我們憤怒時給出的，並且往往沒有經過深思熟慮。你可能在事後對性急之下給出的最後通牒感到後悔，並且不會眞的付諸實行。

人們通常對憤怒和威脅反應不佳，因此最後通牒對於促使人們改變並不怎麼有效。它們往往還會傷害彼此的關係、關閉溝通的大門及增添怒火。

你能想到自己給出或收到最後通牒的往事嗎？描述一下當時發生了什麼事。

要明確地表達一個帶有後果的界線而不是最後通牒時，你可以怎麼說？

你如何避免給出最後通牒？

接受自己無法迫使他人按照你的意願行事（即使你設定了界線），此時你的感覺如何？

界線不是刻薄

我們避免設定界線的其中一個重要原因是，我們錯誤地認爲這樣做會顯得刻薄而導致衝突和疏離。然而，界線本質上是尊重他人的，因爲它們傳達了我們的期望，幫助他人理解如何與我們互動——什麼是可接受的，以及什麼是不可接受的。這減少了誤解，爲直接和清晰的溝通打下了基礎。

布芮尼·布朗（Brené Brown）在她的書《勇氣的力量》（*Rising Strong*）中解釋道，她很訝異地發現，有明確界線的人是最有同情心的：「有同情心的人會表達他們的需求。必要時，他們會拒絕；而當他們接受時，他們是認眞的。他們之所以有同情心，是因爲他們的界線使他們遠離了怨恨。」

事實上，界線使人際關係變得更輕鬆。如果這似乎令人感到困惑，想一想別人對你設定界線時的情況。當你的老闆明確地設定界線，並且具體地告訴你她的期望時，你不是會很欣賞她嗎？同樣的情況也適用於其他關係——當父母明確地設定界線時，孩子會表現得最好；當雙方都能直接說出自己的需求和期望時，親密關係和友誼都會變得更爲輕鬆。當我們不設定界線時，我們往往會變得憤怒和生氣，這對我們或我們的人際關係都不好。界線傳達了我們的需求和期望，告訴他人我們希望如何被對待、我們需要什麼、以及我們的期望，這是一種善意的行爲，而不是刻薄的行爲。

你有過在設定界線或接受界線時感到刻薄的體驗嗎？如果有，你認爲是什麼造成這種不友善的感覺？

你能想像將設定界線或接受界線看成是友善的行爲嗎？那會是什麼樣貌或情境？

界線令人感到刻薄和感覺友善之間的差異，是什麼造成的？

界線不是自私

界線保護你的幸福並不代表它們是自私的。安全感、保護自己和自己的資源（財產、時間、精力、金錢）是每個人的基本權利。爲自己著想並非自私的行爲，而是一種自我保護。

自私意味著你只關心自己，但健康的界線會考慮到你的需求和他人的需求。在決定你能做什麼或給予什麼之前，你會仔細考慮別人的需求，以及你自己的需求和資源。

有時候，無私或不關心自己的幸福被視爲人們應該追求的一種理想。然而，無私也會出現問題，因爲當你忽略自己，你必定會感到疲累、不舒服和怨恨。諷刺的是，當你把自己照顧得越好，你反而能爲他人付出更多。照顧自己具有涓滴效應（trickle-down effect），因爲當你滿足於更多的需求時，你會更快樂、更健康，這將使你成爲更有耐心的父母或更關心另一半的配偶。當你不會照顧自己時，你的疲勞、煩躁和身體上的疼痛不僅對自己有負面的影響，也會對身邊的人產生負面的影響。

設定界線通常會造成內疚感，認爲你做錯了什麼。也許你的配偶或父母曾經告訴過你，如果你拒絕滿足他們的需求或願望，你就是自私的。但是設定界線及無法滿足他人的需求不一定就是自私的，你將在柯林的故事中看見這一點。

柯林每天早上六點去健身房。他是聽從醫生的建議才開始這個習慣，因爲他曾多次因恐慌症發作被送到急診室。運動有助於柯林處理焦慮，他將每天的運動置於優先的位置，因爲這是唯一能減少他的恐慌症發作的方法。因此當柯林的父親請他在早上六點十五分開車送他去機場時，柯林設定了界線並告訴父親他沒有空。柯林的父親用生氣的口吻懟了回去：「我不過是請你做件事，你卻連動都不想動。你那寶貴的運動比你老爸還重要！柯林，你太自私了。」

羞辱他人（例如說他們是自私的）往往是一種控制他人的企圖。在這種情況下，柯林的父親試圖說服他相信去健身房是自私的，從而讓他感到內疚並送他去機場。但柯林考慮了父親的需求和自己的需求，得出結論認爲他的運動更爲重要。也許自私的並不是柯林，而是他的父親，因爲他沒有考慮到柯林的需求。或者我們可以選擇完全避免使用「自私」這個詞，因爲它容易帶有羞辱和評斷的意味。相反的，我們可以將柯林和他的父親視爲有競爭需求的兩個人，他們的需求都是合理的，一個人的需求並不比另一個人的更重要。

回想一個因爲擔心自私而使你無法設定界線的時刻。你是否顧慮著其他人的需求或願望，即使你無法滿足它們？描述一下當時發生了什麼。

在你描述的情況中，自私和無私之間有什麼折衷的平衡點？那是什麼樣的感覺？

如果你很難不把界線視爲自私，那麼你可以用肯定句來強化新的思維方式。肯定句是一種肯定你有權利和責任照顧自己、重視自己的需求和願望的陳述。以下是柯林可以使用的一些肯定句的例子：

- 「保持我的運動習慣是健康的，而不是自私的。」
- 「優先考慮我自己的需求是沒問題的。」
- 「我不必爲父親的感受負責。」

試著爲你先前發現的情況撰寫你自己的肯定句。

設定界線並優先照顧好自己，將對你的家人產生什麼樣的正面影響？

界線不是死板的

界線要有彈性，而不是死板的。我們不能在每個情況或每個人身上設定相同的界線。相反的，最有效的界線應該彈性地適應不同的情況、不同的關係和我們不斷變化的需求，並且會在我們知道什麼是有效和無效時進行微調。

倘若建立的界線過於僵硬，我們就有孤立自己的風險。想像一下一道圍繞著你的近四公尺高的堅固磚牆。雖然它提供了很好的保護，但別人無法進來，而你也無法離開。這種情況通常發生在我們受到傷害（身體上或情感上）之後——爲了感到安全，我們將自己圍在高牆內。我們建立了嚴格的界線，不讓任何人進入我們的生活，不告訴別人我們的脆弱面或傳達我們的需求，這造成了身體上和情感上的孤立。相反的，我們希望能根據需要而加強或放鬆我們的界線，這樣我們就可以看出誰是值得信賴的人，並讓他們進入我們的生活。有彈性的界線就像是一扇我們可以打開和關閉的門，而我們可以調整要讓什麼人和多少人進來。

如同你在表格中看到的，薄弱的界線使我們容易受到傷害，嚴格的界線則導致我們孤立或疏離他人。我們的目標是有彈性的界線，以促進充滿尊重和相互滿足的人際關係。

	薄弱或沒有界線	有彈性或健康的界線	嚴格或過於僵化的界線
你的感受	脆弱的	安全的和連結的	孤立的
他人對待你的方式	他人可能會傷害你	他人尊重你，以令人愉快的方式與你建立連結。	他人無法接近或與你建立連結
你對待他人的方式	你可能會傷害他人	你以尊重的態度對待他人，以讓他們感到愉快的方式建立連結。	你不主動接近或試著與他人建立連結

雖然我們希望界線具有彈性，但它們仍必須是明確而堅定的。在任何時刻，你都可以明確地設定界線，並請求自己想要或需要的事物。你也有權改變主意，與不同的人設定不一樣的

界線，或在不同的情況下與相同的人設定不一樣的界線。例如，馬克在家裡對於配偶的身體接觸更爲自在，相較之下，他在公共場合則較不喜歡有太多的身體接觸。如果他的界限不夠有彈性，他將侷限在兩個極端的情況中：不是在公共場合承受太多的身體接觸（令他感到不自在），要不就是在私人場合中得不到足夠的身體接觸（讓他感到被忽視或不滿足）。

你是否容易有過於嚴格或過於薄弱的界線？請描述你的界線。

界線過於嚴格或過於薄弱所引起的問題有哪些？

找出兩、三個情境，在這些情境中具有靈活的界線是有幫助的。

重新建構你的界線觀念

接下來的表格總結了界線是什麼及不是什麼，這可以幫助你質疑關於界線的任何負面聯想，並提醒你界線的好處和必要性。如果你想到界線的其他正向層面，可以在空格中自行添加。

界線是	界線不是
思考周全、清晰和直接的	衝動或反應性的
表達你的需求或願望的聲明或行為	控制或懲罰他人的企圖
保護你的健康、安全和資源的限度	最後通牒或威脅

友善的	嘮叨、批評或不尊重
照顧自己	自私
能讓你感到安全的選擇	限制他人的選擇或自由的企圖

總結

在這一章中，我們開始質疑界線的一些迷思——關於界線是苛求、刻薄、自私和死板的觀點。當你透過本書來練習時，你會不斷地了解到，學會設定界線並不是要說服或強迫他人按照你的意願行動；界線是關於清楚地表達自己、對自己的需要提出請求，並透過做出能使自己幸福的選擇來尊重自己的需求。接下來，我們將一起克服那些使設定界線變得如此困難的障礙。

3

難以設定界線的原因

我們都知道設定界線並不容易，但你可曾想過其中的原因呢？了解是什麼因素使你難以設定健康的界線，將有助於改變那些對你造成阻礙的思想和行爲。在這一章中，你將了解到設定界線的四個最常見的障礙，以及如何克服這些挑戰，讓你對自己、自己的需求和設定界線的權利感覺更自在。

沒人教你設定界線的方法

我們難以設定界線的原因之一是，我們不熟悉它們。我們沒有看見其他人設定界線；沒有人告訴我們，我們有權利設定界線；也沒有人教我們設定界線的方法，或是鼓勵我們設定界線。

我們大部分是透過觀察他人來了解界線——我們的父母、朋友、同事，甚至是書籍和電影中的虛構人物。我們的父母或照顧者通常對我們的影響是最大的，因爲我們跟他們在一起的時間很長，特別是在我們年幼且最易受影響的時候。我們觀察他們如何解決衝突、如何提出自己的需求、如何允許他人對待自己，以及他們如何對待自己。這些都成爲我們理解和設定界線的榜樣。

設定界線就像烹飪或開車一樣是一種技能，因此如果沒有人教你設定界線的方法並給你練習的機會，那麼你現在還在學習、覺得不熟練也就不足爲奇了。

你可以在這裡暫停一下，花點時間反思是誰影響了你的界線。

對你來說，誰是你健康界線的榜樣？（如果想不到現實中認識的任何人，那麼也可以是書本或影劇中的角色。）描述這些界線的樣貌。

誰在你身邊示範了不健康的界線？描述這些界線的樣貌。

非常不健康的界線是家庭機能不全的一個徵兆。隨著閱讀本書，你將了解更多不健康的界線與其他家庭問題之間的關聯。

機能不全家庭的界線

「機能不全家庭」是一個廣義的術語，指的是有著長期問題（如成癮、憤怒和控制的行爲、缺乏同理心或界線不清）的家庭，這些問題對家庭成員產生負面的影響。機能不全有不同的程度，從輕微的問題到嚴重的問題都有可能。當然，沒有哪一個家庭是完美運作的。不幸的是，許多人的家庭嚴重地損害了他們的身心健康。

溝通是機能不全家庭的難題。他們很少使用健康的界線所需要的自信溝通技巧；相反的，他們的界線可能過於嚴格、薄弱或根本不存在，而他們的溝通則是侵略性的（苛刻和不尊重）、被動的（避免談論感受、困難或棘手的問題），或消極抵抗的（表現憤怒卻未直接指明問題）。許多人在成長的過程中甚至不知道自信溝通（直接而尊重地表達自己的意見，或請求自己想要的事物）是可能的。自信溝通對於設定界線至關重要。在第五章中，你將學會如何自信地告訴別人你的界線。但首先，我們來探討童年時期的嚴格或薄弱的界線，怎樣造成長大成人時設定界線的問題。

界線嚴格的家庭

有嚴格界線的父母會制定強硬的規定和嚴厲的後果。這些規定或限制採取一刀切的方式，並不總是符合孩子的年齡（年幼的孩子被期望做他們在成長階段還無法勝任的事，年長的孩子在成長中則沒有獲得更多的隱私或獨立性）。有嚴格界線的父母不會為他們的規定破例，例如在舞會之夜為青少年延長宵禁的時間，或理解孩子的成績下滑是由於我們經歷了一場大流行病。當界線是嚴格的，孩子就很少有機會探索自己的身分和個人特質，因為重點是要照令行事、去滿足外部的期望，而違反規定的後果往往是嚴厲又強硬的。

如果你在一個有嚴格界線的家庭中長大，你可能會感到受控制、被管東管西和被誤解。你可能沒有被鼓勵與他人設定界線或是理解自己的需求，因為你的父母總是告訴你該做什麼。你可能會發現，自己很難在成年後為自己設定界線，例如按時上床睡覺或限制社群媒體的使用。

由於你的父母有嚴格的界線，你可能很難與他們建立連結及感到親近。他們可能不太善於察覺和關注你的感受。嚴格的家庭界線可能缺乏同理心，因為它們並不考慮個別孩子的需求和感受。

嚴格的界線也使得「外人」難以進入家庭體系。這些外人可能是新男朋友、老師、鄰居或拉比。他們不會受到熱情的歡迎，而是被持懷疑和不信任的態度對待。嚴格的界線提供了保護（儘管這種保護並非一直是必要的），並使得在家庭之外建立關係變得困難。這可能導致家庭變得神祕兮兮、羞恥感，以及一種認爲家庭關係比其他任何關係都來得重要並且永遠不應被打破的信念。

當生活中的成年人把每個人都視爲威脅時，你就不知道如何確定誰是値得信任和安全的。你把世界看成是非黑即白的——人們要麼是善良的，要麼是邪惡的；要麼是可信的，要麼是來害人的；若不是朋友，那就是敵人。你在人際關係中很難表現脆弱，並且很可能出於恐懼和熟悉而再次建立嚴格的界線。

界線薄弱的家庭

界線薄弱或沒有界線的家庭是不安全的。孩子們沒有得到一致的適齡規定或限制以確保他們的安全，因此，一個蹣跚學步的孩子可能在無人看管下在街上玩耍或毫無限制地吃著餅乾。

對於身體、情感和性界線的缺乏尊重，可能導致孩子受到家庭成員或那些被允許進入家中的危險人物的虐待。如果你在界線薄弱的家庭中長大，你可能會知道自己無法信任父母來保護你的安全。你會覺得這世界是不可預測和可怕的。身爲成年人的你，可能也很難相信你能保護自己的安全。

界線薄弱也會造成責任歸屬的混淆。這種混淆可能是小事，例如分不清楚誰負責倒垃圾，因爲期望從未被明確地表達；或者可能是讓年幼的孩子承擔成人責任的大事，例如照顧幼兒或煮飯，因爲她的父母不願意或無法承擔這些責任。

界線薄弱的家庭還有一項特徵，那就是由於期望不明確而經常發生指責。不可避免地，孩子會因爲他們沒有做過或無法控制的事而遭受指責。例如你的母親可能會因爲頭痛而指責你，儘管你根本無法控制她是否會頭痛。

界線薄弱還可能導致糾纏，或者說導致人與人之間缺乏情感上的分離。這可能包括期望你像父母一樣的思考、感受和行動，以及無法探索自己的個人特質，或者父母不恰當地跟你透露太多個人的信息，例如他們的性生活或財務問題的細節。

界線薄弱的家庭教導我們不該擁有個人的權利，也不該設定界線。界線被視爲自私和刻薄的表現。你被期望爲了他人的快樂而犧牲自己的需求和興趣，於是你開始相信自己的需求和感受是不重要的。你可能也會變得過於負責，覺得自己要爲其他人的感受和選擇負責，並且不遺餘力地想幫助或拯救他們。

你的家庭也可能是嚴格界線和薄弱界線的綜合體。有些家庭會隨著導致焦慮的事物、心理健康的狀況或成癮問題的起伏，而在嚴格和薄弱的界線之間來回轉換；有些家庭則同時呈現兩個極端的特徵。

你童年時的家庭界線是嚴格或薄弱的，還是兩者兼具？界線和規定是一致的，還是不一致的？它們是有彈性的，還是強硬的？它們是明確的，還是令人困惑的？對當時身爲孩子的你來說，那是什麼樣貌？

你童年時的家庭界線問題，怎樣導致你現在很難設定界線？這些問題是否影響了你的溝通方式、自尊心、安全感或信任的能力？

設定界線令人感到恐懼

當我問人們為何設定界線不容易時，最常見的答案就是恐懼。主張你的個體性、提出你的需求及設定限制，可能會令人感到害怕，因為你已經嘗試過並且得到了糟糕的結果；或者設定界線是一種新技能，而你不確定該如何做，或不確定結果會怎樣。

請利用以下的清單，找出你對設定界線懷有什麼樣的恐懼。

我害怕：

- □傷害別人的感情
- □衝突或憤怒
- □身體上的虐待
- □被忽視
- □被誤解
- □被批評、嘲笑或不被認真對待
- □讓人失望或不悅
- □失去一段關係（被排斥或被拋棄）
- □讓步或無法保持自己的界線
- □成為不值得被尊重的人
- □發現我所愛的人並不在乎我

你對自己在設定界線方面懷有這麼多的恐懼而感到驚訝嗎？這是很常見並且可以理解的。我們往往感到停滯不前，卻不清楚到底是什麼阻礙了我們。然而，光是承認自己的恐懼就是非常有用的一步，這能爲我們接下來的任務做好準備——確定你的恐懼是否正確。

恐懼並不總是正確的

我們的恐懼感覺非常眞實，但它們並不總是正確的。恐懼經常是建立在誤解上或心理學家所謂的認知扭曲上。人類有一種負面偏見，亦即更容易記住負面的經歷，而不是正向的經歷，並且更容易高估負面結果的可能性。這使你的大腦傾向於恐懼，它在面對眞實的危險時是有用的，但也可能成爲你設定界線時的障礙。

沒錯，某些恐懼是基於過去的眞實經歷，但即使是這些恐懼也往往是過度概括了。譬如說，如果每次你試圖與父親設定界線時，他都會對你大吼大叫，那麼你與任何人設定界線時，都可能會變得膽小怯懦。你的理性思維可能知道，設定界線不見得會惹怒每個人，但恐懼很容易取代理性思維，並說服你保持安全或維持現狀。當然，有時候設定界線確實可能讓你陷入危險。安全始終是最重要的。請參閱第十一章來了解與難搞的人設定界線時，如何保持安全。

我們要能理性地看待我們的恐懼，並判斷它們是否正確和有益。其中一種方法是去檢視我們思維中的認知扭曲。每個人都有扭曲的想法，這是普遍存在的現象，我們不必爲此感到羞愧。以下是一些最常見的認知扭曲類型，它們是基於阿爾伯特・埃利斯（Albert Ellis）、亞倫・貝克（Aaron Beck）和大衛・伯恩斯（David Burns）等人的研究。你也可以在以下網址下載這份清單：http://www.newharbinger.com/47582。

- **貶低正向的事物：**你只注意及關注負面的事物，對自己的優秀表現或發生在你身上的好事則持負面態度，並將其最小化或忽視。

  例：朋友稱讚我變得更有自信了，但我沒看到自己有任何的進步。我無法不去想自己竟然讓伊賽亞打斷我說話。

- **過度概括：**你將某個經驗應用於所有的情況。

  例：我什麼事情都做不好。

- **非此即彼的思維：**你把事情看成是絕對的，沒有中間地帶。

  例：我無法設定界線。

- **知道別人的心思：**你假設別人和你有同樣的想法。

例：我很確定她討厭我。

- **雙重標準：**你對自己的要求比對其他人的還要高。

例：如果你沒時間幫我，那沒關係；但當你需要幫助時，我會隨叫隨到。

- **災難思維：**你預料會有最壞的情況發生。

例：如果我跟賈維說他不能在我家抽菸，他就會和我分手。

- **貼標籤：**你爲自己貼上負面的標籤。

例：我是自私的人。

- **魔法思維：**你認爲一切都會在你＿＿＿＿＿（更瘦、更有錢、找到新工作等等）之後變得更好。

例：只要孩子們搬出去，一切就會變得更好。

- **「應該」陳述句：**你對自己應該做什麼進行論斷和批評。

例：我不應該讓任何人失望。

＊**訣竅：**認知扭曲往往會夾帶以下的詞語：每個人、沒有人、沒人、所有的、每一個、總是、從不、應該、必須、應當。

質疑你的恐懼

若恐懼一直妨礙你設定界線的能力，請用以下的練習來質疑那些以恐懼爲基礎的信念，並確認它們是否正確。

- **確認你的恐懼**。如果我設定界線，＿＿＿＿＿＿＿＿＿＿＿＿

例：如果我設定界線，每個人都會討厭我。

- **確認潛在的信念**。我相信＿＿＿＿＿＿＿＿＿＿＿＿＿＿＿＿

例：我相信我很難相處，人們不喜歡我。

- **確認認知扭曲**。＿＿＿＿＿＿＿＿＿＿＿＿＿＿＿＿＿＿＿＿

例：非此即彼的思維、知道別人的心思、災難思維。

一旦認識到自己的想法是扭曲的，我們便能致力於改變它們。爲了釐清你的想法是正確的還是扭曲的，你可以把自己想成是科學家或偵探，來找出那些支持你的信念的證據。以下的問題有助於你進行這樣的思考。你也可以在以下網址下載這些問題清單：http://www.newharbinger.com/47582。

- 我有什麼證據支持這個想法或信念？
- 這個想法或信念是基於事實還是意見？
- 我有可信任的朋友一起討論這些想法嗎？
- 這個想法對我有幫助嗎？
- 我能以其他方式來思考這個情況或我自己嗎？
- 我是否不必要地責怪自己？
- 還有什麼其他因素導致了這種情況？
- 這真的是我能控制的嗎？
- 我是否過度概括了？

- 我是否在做出假設或草率地下結論？
- 我會對處於這種情況的朋友說什麼？
- 我能尋找「灰色地帶」嗎？
- 我是否假設了最壞的情況？
- 我是否對自己定了不合理或雙重的標準？
- 這些絕對的概念（總是、從不）是否有例外？
- 我是否無端地將它個人化了？
- 誰有權決定我必須或應該做什麼？
- 這是否符合我的價值觀？
- 這是一個現實的期望嗎？

將支持或反駁你在前面的練習中確認的潛在信念的證據記錄下來。

例：當我告訴保羅我不打算跟他一起去他父母家時，他生氣了。我在職場上爲自己發聲，同事似乎都會尊重我。我和室友也相處得很好，所以並不是每個人都覺得我很難相處。

將你的恐懼重寫爲更正確、更能支持你的陳述。

例：有些人可能會因爲我與他們設定界線而感到生氣，但有些人會尊重我的界線，因此，設定界線並不表示我是很難相處的人。

我鼓勵你在以下網址下載「質疑你的恐懼」練習單，並對設定界線的每個恐懼重複進行這個練習：http://www.newharbinger.com/47582。

恐懼並不是設定界線時面臨的唯一障礙。事實上，還有其他以扭曲的思維為基礎的其他障礙。接下來，我們將討論內疚，這是另一種經常因不切實際的期望和對自己的貶抑所引發的感受。

設定界線令人感到內疚

內疚是當你認為自己做錯事時所出現的感受。因此當你在設定界線時感到內疚，那是因為你認為自己沒有權利保護自己、拒絕他人、擁有自己的想法或提出請求。

以下是一些可能導致你在設定界線時感到內疚的潛在信念。其中有哪些也是你的潛在信念呢？

□ 我不應該需要或想要任何事物。

□ 若我確實需要或想要某個東西，我也不該提出請求。

□ 照顧他人是我的責任。

□無私是一種美德。
□我永遠應該把別人擺在第一位。
□我應該別表達自己的意見，因為沒人會想聽。
□我想要的並不重要。
□拒絕別人是刻薄、無禮或錯誤的。
□考慮自己的需求是自私的。

這些信念都是基於一種不平等的關係，它假設他人的權利和需求比你的更重要。設定界線則是建立在我們都有相同的權利、你和其他人一樣重要的概念上。另一方面，內疚是來自於你認爲界線是錯誤的，或者你不配擁有設定界線的權利。

如果你很難設定界線，這可能是因爲你直接或間接地收到一種訊息：你不重要，並且不配受到善待；你的需求或感受並不重要，或者應該擺在次要的位置；你不應該提出任何請求（即使你提出來也得不到回應，或者會被忽視或遭受羞辱）；有些人比其他人更爲重要。

你曾認爲自己沒有權利設定界線嗎？認爲自己不配得到尊重嗎？或者覺得自己不值得別人付出嗎？如果有的話，你認爲這些信念來自於哪裡？

日常生活中的個人權利

我希望你能想一下，我們所有人都有相同的個人權利，並且你和其他人一樣重要。你可能很難相信這一點，因爲它與你從父母、宗教教義或文化中學到的觀念可能有很大的不同。這些可能是具有挑戰性的強烈訊息，然而接受它們是讓你能以愛和尊重來對待自己並向他人提出相同請求的關鍵。如果你繼續覺得自己不值得或不配得到這些，你就無法設定界線。

當你的選擇是出於內疚時，你就讓別人來爲你決定什麼是對或錯，你讓他們的觀念主宰了你應該如何生活。但接受你和其他人一樣擁有個人的權利，就表示身爲成熟大人的你有權做出自己的選擇，因爲只有你才知道什麼是對自己最好的。

以下是一些個人權利的例子。我鼓勵你再多寫一些，並盡可能的具體來使它產生效用。我也建議你在以下網址另外下載一份「確認並接受你的個人權利」清單，並定期檢視它：http://www.newharbinger.com/47582。

- 我有權被尊重和善待。
- 我有權拒絕。
- 我有權改變主意。
- 我有權得到身體上和情感上的安全。
- 我有權擁有自己的想法、感受、價值觀和信念。
- 我有權追求快樂和喜悅。
- 我有權休息。
- 我有權保有隱私。
- 我有權決定是否分享自己的財物。
- 我有權爲自己做出最好的決定。
- 我有權與負面的人或傷害我的人保持距離或結束關係。

- 我有權追求我的目標。
- 我有權設定界線。
- 我有權＿＿＿＿＿＿＿＿＿＿
- 我有權＿＿＿＿＿＿＿＿＿＿
- 我有權＿＿＿＿＿＿＿＿＿＿

有些人反對個人權利的觀念，因爲他們擔心這會使他們變得自私或增加掌控欲。然而，個人權利的前提是，你的權利和其他人的權利一樣重要，而不是你的權利比其他人的更重要。身爲生活在各種關係中的人類，你必須考慮到他人的需求和喜好，但如果它們不斷地取代了你的權利，那麼你就是在這段關係中接受「低人一等」的地位，並且強化了你的重要性比不上別人的信念。事實上，界線和個人權利能幫助重新恢復人際關係的平衡。

這些個人權利中是否有任何一項對你來說是難以接受的？你認爲這是什麼原因呢？

＿＿＿＿＿＿＿＿＿＿＿＿＿＿＿＿＿＿＿＿

如果一位朋友告訴你她不認爲自己有權利＿＿＿＿＿＿＿（在空白處填上你感到困擾的個人權利），你會對她說什麼？

現在，試著對自己說同樣的話來加強它，讓這些個人權利也適用於你。對自己說體貼、鼓勵的話，是減少自我批評或自我挫敗思維（例如，「我不配得到幸福」或「我的需求無關緊要」）的有效方式。重新寫下你對朋友說的話，這樣你就可以練習對自己說同樣的話。

____

____

改變思維需要定期的練習，因此如果接下來的幾週，你每天至少重複或寫下這個陳述一次，你將得到最佳的效果。

另一種認識你內在價值的方法是尊重及善待自己。你可以透過行動和言語來做到這一點。當你將自己的需求擺在第一位（例如，安排時間見朋友或看牙醫），你就是在向自己（以及他人）展現你的重要性。爲了付諸實踐，每天刻意做三樣照顧自己的舉動。這些舉動不必多麼博人眼球或花時間，但它們必須是有意義和刻意的。

你今天將做哪三樣照顧自己的舉動？

1. ____________________
2. ____________________
3. ____________________

為了得到最大的效益，每天記錄三樣照顧自己的舉動，並在進行時對自己說：「我這樣做是因為我很重要。」這會為你的想法和行動帶來有意識的覺察，並強化它們的目的。

為了繼續在個人權利中建立你的自我價值感和信心，請填寫以下的表格來具體說明你生活中的個人權利是什麼樣貌。

個人權利	**該權利在日常生活中是什麼樣貌？**
例：我有權保有隱私。	沒有人可以在未經許可的情況下看我的電子郵件。
	想要保有隱私時，我會關上房間的門。

不知道自己是誰或需要什麼

如果你對自己的身分和需求沒有清晰的認知，設定界線就會變得困難。你的界線對你來說是獨一無二的，它們是基於先前討論的個人權利以及你的需求和偏好。舉例來說，我可能比你更需要一些個人的空間。界線並不是像說我們坐下來必須保持一公尺距離那樣簡單。在某些人和某些情況下，你可能想要比一公尺更近的距離；而在其他的情況下，你可能想要更遠的距離。但如果你不知道自己需要什麼或想要什麼，你就無法提出請求，甚至無法滿足自己的需求。同樣的，如果不知道自己重視什麼或目標是什麼，你就無法設定界線來保護它們。

不清楚自己的身分或自己的需要是什麼，可能是界線困難的結果和原因。界線嚴格或界線薄弱的家庭並不鼓勵個性化，亦即孩子隨著成長而在情感上和身體上與父母逐漸分離的過程；相反的，你的自尊心仰賴於取悅他人。當你沒有強烈的自我價值感時，你就必須仰賴他人的認可和讚許來讓自己感覺良好。

了解自己

倘若你是在一個有界線困難的家庭中長大，那麼你可能不被允許探索自己喜歡什麼、表達不同的意見和信念，或嘗試新的事物。你可能也感受不到被理解或受重視。倘若你的父母沒有足夠的察覺並滿足你的需求，你可能會在潛意識中產生一種觀念，認爲你的需求並不重要。你可能不知道怎樣注意自己的情緒和身體的感受，而這些感受會告訴你自己需要什麼。

建立自尊心和了解自己是一種持續的過程。它不是你可以在一週或一個月內完成的事。回答下列的問題是展開這個過程的一種方式。

你擅長什麼？

你的短期目標是什麼？長期目標是什麼？

誰對你來說最重要？

誰可以提供你支持或幫助？

你喜歡什麼娛樂？

你重視什麼？你相信什麼？

在哪裡或什麼時候你感到最安全？

什麼或誰會給你安慰？

你對什麼充滿熱情？

你感謝什麼？

你如何知道自己感到壓力或覺得沮喪？

你如何最有效地學習（實際操作、觀察、聆聽、閱讀）？

什麼令你感到受尊重？

什麼令你感到被愛？

什麼令你感到安全？

另一種了解自己的策略是，記錄你喜歡和討厭的事物。這是一種可以更深入了解自己的偏好、個性和需求的簡單方法，將有助於你確定那些能提高你的生活滿意度的界線。

日期	喜歡的事物	不喜歡的事物
例：三月一日	成為早上第一個起床的人；從家裡帶午餐；和蘇雅一起喝咖啡。	冗長的會議；梅爾對我管東管西；回家看見家裡亂七八糟。

了解自己並對自己感到滿意是一項艱鉅的任務，而你已經有了很棒的開始！我鼓勵你繼續進行這個表格和之前的問題（你可以在以下網址下載「了解自己」問題清單：http://www.newharbinger.com/47582）。透過繼續了解自己並認識自己的個人權利，你將逐漸培養出更棒的自我價值感，從而對於設定界線有更多的自信心、更少的內疚感。

建立自尊心的快速訣竅

- 用親切的口吻對自己說話，就像對待親愛的友人一樣。
- 發現自己的強項，並找到運用它們的方法。
- 寬恕自己所犯的錯。
- 給自己許多健康的獎勵（要有創意，別僅限於獎勵食物）。
- 每天讀肯定句或有啓發性的語錄。
- 避免與別人比較。
- 設定可實現的目標。

- 抽出時間做自己喜歡的事。
- 專注於自己可以控制或改變的事物。
- 寫下你的成功事蹟。
- 寫下你在實現目標上取得的進展（無論多小）。
- 對一位朋友或一隻動物做件好事。
- 接受讚美。
- 質疑那些自我批評的想法。問自己：「這是否有益、體貼和正確？」
- 每天努力學習新的事物。
- 做自己擅長的事。

確定你的需求

爲了保持身心健康，我們需要各種的東西，例如食物、睡眠、安全和尊重。在第一章中，我們談到了界線如何透過限制接觸有害的人物和情境，來滿足我們對於安全的需求。事實上，界線也可以幫助我們滿足其他許多的需求。

令人扼腕的是，我們有許多人並不知道自己的需求，或者嘗試將它們最小化，假裝自己沒有任何的需求。要設定有用和有效的界線，我們就必須更加覺察及接受自己的需求。

在思考自己的需求時，記住以下兩點是非常重要的：

一、每個人都有需求，而有需求並不代表你是「貧乏」的。

二、滿足自己的需求對於健康和幸福至關重要，它並不是自私。

以下是人類普遍會有的一些需求列表。你可以一邊閱讀，一邊圈出你正在經歷的需求，並加上你能想到的其他需求。

- 身體的安全
- 隱私或獨處的時間
- 情感的安全
- 樂趣
- 尊重
- 安靜
- 讚賞
- 刺激或新奇
- 愛
- 發揮創意
- 接納
- 挑戰

- 理解
- 信任
- 誠實
- 體貼
- 幫助或支持
- 身體的接觸
- 連結
- 食物和水
- 休息和睡眠
- 獨立或自主權
- 精神的連結
- ______
- ______
- ______

總結

在本章中，我們探討了設定界線常見的障礙：一、沒有人教導或示範健康的界線；二、恐懼；三、內疚；四、不了解自己或自己的需求。你已經知道，童年家庭的界線（或缺乏界線）怎樣對你現在的界線造成影響、如何挑戰設定界線的恐懼、你擁有個人的權利，以及更多對自己的了解。你現在已經完成了第一部分。你到目前爲止的努力，將爲你學習如何設定有效的界線奠定堅實的基礎。

【第二部】

如何設定界線

4

設定界線的方法

現在，你對於界線是什麼、它們如何改善你的生活，以及如何克服設定健康界線的諸多障礙有了很好的理解，你可以開始練習建立及設定界線了。

本章有非常多的練習，你可能無法一次全部完成。我建議你在接下來的一至兩週，安排幾個不受打擾的時間來專注於本章的內容。用較慢的節奏來進行練習可以減輕壓力，並讓學習的內容被深入吸收和融會貫通。

在每個部分結束後，你可以暫停一下並檢視自己。如果你感到有壓力、不堪負荷或疲倦，就休息一下，然後重新調整自己（也許是聽你最喜歡的音樂、睡個小覺、運動一下，或是給自己小小的獎勵）。

設定界線的四個步驟

在本章中，你將學到一個受薇奇．帕爾默（Vicki Tidwell Palmer, 2016）的研究啓發的設定界線四步驟公式。這個公式將幫助你找出你需要什麼樣的界線，以及如何將它們付諸行動。

步驟一：釐清你的需求和願望

你的界線必須滿足你獨特的需求，所以，我不能光給你通用的界線列表，並期望它們能滿足你的要求。因此，設定界線的第一步是釐清你的需求和願望。問自己以下四個問題：

一、我正面臨哪些界線相關的問題？

二、我未被滿足的需求是什麼？

三、我的感受如何？

四、我想要什麼結果？我希望透過設定界線來達成什麼目標？

發現界線相關的問題、未被滿足的需求和感受，將有助於你釐清你希望透過設定界線來達成什麼目標。

你正面臨哪些界線相關的問題？

了解那些因爲薄弱、嚴格或不一致的界線所導致的問題，將爲你提供關於自己的需求和願望的重要信息，並最終幫助你確定你必須設定的界線。在描述界線問題時，請試著具體地表達，並一次只聚焦在一個問題或情況。

描述一個與你的界線相關的問題。

例：約見面時，我的朋友瑞秋總是會遲到二、三十分鐘。

通常，界線相關的問題是顯而易見的。它們往往是反覆出現，帶給我們極大的困擾。不過，有時候我們很難確定問題出在哪裡。你可能會有一種直覺或一般的感受，好像有什麼東西不太對勁，但又無法確定它是什麼。沒關係，在本章的後面部分，我將教你如何利用這些感受來確認界線相關的問題。

你有哪些未被滿足的需求？

遇到界線相關的問題（如同你剛才確認的那個問題）時，就表示有一個潛在的未被滿足的需求，亦即你需要但沒有得到的東西，是它導致你的痛苦或不適。發現這些未被滿足的需求將爲你提供有用的信息，讓你明白自己必須設定哪些界線。

利用同一個界線相關的問題和第三章所列出的人的普遍需求表（本書的附錄也有），找出你未被滿足的需求。

問題：瑞秋總是遲到。

未被滿足的需求：尊重。

問題：＿＿＿＿＿＿＿＿

未被滿足的需求：＿＿＿＿＿＿

你有什麼感受？

你的感受也可以提醒你界線的問題和未被滿足的需求。感受就像指示牌一樣，只要我們留意，它們就會告訴我們自己需要什麼。想一下你的界線受到侵犯時的感受——也許是生氣、受傷、害怕或不舒服。留意這些感受是看出界線相關問題和未被滿足的需求的另一種方式。

當我們感到生氣、受傷、害怕或不舒服時，我們可以由這些感受反推，確定是否界線受到侵犯而導致出現這些感受。舉例來說：我在辦公室發現自己很煩躁，於是我回想有什麼事可能導致我出現這種感覺。我想起同事沒有敲門就闖進來打擾到我，她侵犯了我對尊重、隱私和寧靜的需求。在這種情況下，注意自己的感受幫助我看出同事越過了界線，而設定界線將有助於滿足我對尊重、隱私和寧靜的需求。

如同這個例子一樣，如果你立刻注意到自己的感受，你就會有最好的成效。界線問題與注意自己的感受之間相隔的時間越長，你就越難將它們聯繫起來。

當然，感受出現的可能原因有很多，並不一定都是界線侵犯導致的。但即使你發現自己的感受並沒有指向界線問題，更留意自己的感受並覺察它們對你訴說什麼也是有好處的。

尤其要留意以下的感受，因爲它們是界線侵犯很常見的情緒反應：

憤怒、怨恨、挫折、煩悶、惱怒、生氣、抓狂、火大、憤慨、暴怒、困擾；害怕、驚恐、恐懼、擔心、苦惱；受傷、悲傷、沮喪、絕望、悲慘、心煩、不受重視；不舒服、不安、彆扭、緊張、如坐針氈、尷尬、羞愧。

確認你在經歷界線相關問題時的感受。

問題：瑞秋經常遲到。

感受：煩悶、不被尊重、不受重視。

問題：＿＿＿＿＿＿＿＿＿＿

感受：＿＿＿＿＿＿＿＿＿＿

你想要什麼結果？

一旦你確定了問題、未被滿足的需求、以及你的感受，你就可以將它們統整起來，明確地陳述你設定這個界線所要的結果。我發現以下的公式是釐清我真正的需求和願望最有效的方法。

在＿＿＿＿＿＿（情況）時，我需要＿＿＿＿＿＿（需求），並希望感到＿＿＿＿＿＿（感受）。

現在，將你確認的問題、需求和感受統整到這個公式中，並陳述你想要的結果。

提示：你想要的感受通常與這個問題發生時的感受相反。你可以在以下網址下載「正向的感受和不愉快的感受」清單：http://www.newharbinger.com/47582。

例：與瑞秋約見面時，我需要尊重並希望感到輕鬆、受到尊重和重視。

在＿＿＿＿＿＿（情況）時，我需要＿＿＿＿＿＿（需求），並希望感到＿＿＿＿＿＿（感受）。

現在，你知道自己想要達成什麼了，你可以想出如何創造你想要的結果。

步驟二：確認你的界線

步驟二是確認能幫助你達成想要的結果的具體界線。在大多數情況下，有多種方式可以滿足你的需求並創造正向的感受。首先，先確認你所有的選擇，然後透過檢視自己能控制的事物來選擇適合自己的選項。

你有哪些選擇？

重要的是，要盡量確認多種選擇。不要將自己侷限在那些你認爲可能或看似不錯的解決方案，而是在不帶評斷或修改的情況下進行腦力激盪。嘗試爲你必須設定的每個界線，確認五至十個選項。

以下是處理瑞秋經常遲到的可能做法的選項清單：

- 不再跟瑞秋出去。
- 減少見面的頻率。
- 只在非常空閒時跟瑞秋約見面。
- 不跟瑞秋去有明確開始時間的活動（譬如看電影）。
- 將見面的時間提前半小時。
- 自己遲到。
- 如果她遲到超過十五分鐘就離開。
- 不用等她，堅持明確的結束時間。

- 請求她準時。
- 什麼都不做，接受瑞秋的遲到。

列出你可以滿足在步驟一中發現的那些未被滿足的需求的所有方法。

你能控制什麼？

在決定如何最有效地滿足我們的需求時，我們必須確定是自己能滿足這些需求，還是必須請求他人的幫助。我們通常可以滿足自己某部分的需求，但其他的需求與人際關係有關，我們可能必須請求他人改變他們的行爲或幫助我們。因此在你決定設定何種界限時，要考慮什麼是你能控制的，而什麼是你無法控制的。

你可以控制自己的言語、行爲、感受和想法，但你無法控制別人的言語、行爲、感受和想法。這個道理看似簡單，但我們大多數人卻錯誤地認爲，自己對他人有比實際上更多的控制力或影響力。我們就這樣浪費了許多時間，試圖讓人們按照我們的期望說話、行動、感受和思考。一旦我們接受自己無法迫使他人按照我們的意願行事（包括尊重我們的界線），我們便能一心一意地專注在如何滿足自己的需求上，或者如何以建立合作關係的方式來傳達這些需求。

當你檢視處理瑞秋的遲到問題的選項，以及你爲界線問題所列出的腦力激盪清單時，你會發現其中某些選項可以自己獨力完成，而其他的選項則必須請求他人做出改變。現在抽出一點時間，把你可以獨力完成的選項圈選出來。我之所以建議你這樣做，是因爲如果你能透過改變自己的行爲來滿足自己的需求和願望，那麼它往往會比試圖改變他人來得更爲容易和有效。

我們來看一個例子，它可以讓你清楚地看到什麼是在你的控制範圍內，以及有時改變自己是最好的選擇。

露比每天都會帶著優格去上班，並放在公用的冰箱裡作爲下午的點心。但有好幾次她去拿優格時，發現它不見了。有人未經露比的同意吃掉了她的優格，這是明顯的界線侵犯。某天，她看到蜜雪兒在吃優格，而那盒優格和她失去蹤影的點心一模一樣。現在，露比有幾個處理這個界線問題的選擇。她可以要求蜜雪兒停止吃她的優格，這完全是她的權利。蜜雪兒可能會拒絕，也可能口頭上同意，但仍繼續我行我素。雖然露比無法控制蜜雪兒的行爲，但她可以改變自己的做法。她可以將優格裝在保冷袋中，然後放在自己的辦公桌上，或是改帶其他不需要冷藏的點心。

有時候，我們會抗拒界線問題的最簡單解決方案——改變自己，因爲我們覺得受傷或憤怒，認爲應該改變的是別人才對。或許蜜雪兒確實應該改變，因爲她侵犯了露比的界線，並且對她不友善。但如果我們一直執著於別人應該做什麼，我們的選擇就受到了限制。

這並不是說露比不應該主張自己的需求，並請蜜雪兒別再吃她的優格。那是一種合理的做法。我們會在第五章專門介紹如何用自信溝通的技巧提出這樣的請求。此處的重點是，當我們讓他人來決定我們的需求是否能被滿足時，我們就失去了自己的力量。往往，改變自己是最有效的選擇。當我們把「我不得不……」的想法改爲「我選擇……」，改變自己就會變得更容易。當露比想到「是我自己選擇吃蘋果，而不是因爲蜜雪兒一直吃我的優格，我才不得不吃蘋果」時，她就會感到充滿力量，而不是覺得自己是受害者。

假設其他的情況不變，你如何滿足你未被滿足的需求？你如何創造你想要的感受？

提示：如果你想不出來，可以看一下你的腦力激盪清單，特別是那些在你控制範圍內的項目。

例：我可以不再跟瑞秋一起出去；減少見面的頻率；只在非常空閒時跟瑞秋約見面；不跟瑞秋去有明確開始時間的活動（譬如看電影）；將見面的時間提前半小時；自己遲到；如果她遲到超過十五分鐘就離開；不用等她，堅持明確的結束時間；請求她準時；什麼都不做，接受瑞秋的遲到。

哪些行爲的改變可以滿足你未被滿足的需求，並幫助你創造你想要的感受？

例：如果瑞秋準時到達，我會覺得受尊重、輕鬆自在和受重視。

將你確認的所有選項納入考量，哪一個界線對你來說最合理？別忘了，這只是一個起點。界線是有彈性的，若不能有效滿足你的需求就可以進行更改。

例：只有在我不趕時間並且有時間容忍她遲到時，我才會和瑞秋一起規劃活動。而且我不會規劃任何有明確開始時間的活動，譬如看電影。

爲什麼你選擇了這個選項？

例：這些改變在我的掌握之中。我已經多次跟瑞秋談過遲到的問題，但依舊沒有任何改變。

一旦你決定了哪些界線可以滿足你的需求並創造正向的感受，你就可以開始落實它們了。

步驟三：落實你的界線

利用以下的問題來計畫你實施新界線的方式和時間。你的計畫可能會有一些困難或不愉快的行動項目，而你可能會有意或無意地避開它們。制定具體的計畫和時間表將有助於你負起責任，並增加落實計畫的可能性。

你將如何設定這個界線？描述你將採取的行動，以及你告訴別人你的界線時會講的話。請盡可能地具體描述。

例：如果瑞秋在我時間有限時邀請我，或邀請我參加有固定開始時間的活動，我就會說：「很抱歉，那天（或活動）對我來說不方便。要不我們改在＿＿＿＿（替代日期）見面，做＿＿＿＿＿＿（替代活動）如何？」

＿＿＿＿＿＿＿＿＿＿＿＿＿＿＿＿

＿＿＿＿＿＿＿＿＿＿＿＿＿＿＿＿

＿＿＿＿＿＿＿＿＿＿＿＿＿＿＿＿

你打算什麼時候這樣做？（如果可以的話，寫出日期和時間。）

＿＿＿＿＿＿＿＿＿＿＿＿＿＿＿＿

＿＿＿＿＿＿＿＿＿＿＿＿＿＿＿＿

你必須請求他人做出什麼樣的行動或改變？提示：請務必利用第五章的策略有效地提出你的請求。

你打算在什麼時候提出這個請求？

如果他人對你的界線抱持抗拒、忽視或生氣的態度，你會怎麼做？再次強調，要盡可能地具體描述，包括你將在何時說什麼或做什麼。此外，請參考第五章和第六章來了解更多關於應對抗拒和界線侵犯的內容。

例：如果瑞秋堅持要去看電影，我會說：「這部電影聽起來很不錯，但如果你遲到了，我們就會錯過電影的開頭，這樣我會很不爽。所以，我覺得看電影不是我們最好的選擇。要不我們去遠足？或者我們可以一起在我家看電影？」

你要如何知道你的界線是否有效？訣竅：回顧你在步驟一中的期望結果。

例：如果我的界線有效，我就不會感到不受尊重和不爽。和瑞秋在一起時，我會感到輕鬆自在和受重視。

你認爲何時能知道你的界線是否有效？

你預計會遇到什麼障礙（如果有的話）？

誰或什麼可以幫助你克服這些障礙？

在落實計畫之後，步驟四將幫助你調整及改善你的界線。

步驟四：對界線進行微調

界線是永遠不斷在改進的，我們很少第一次嘗試就建立了完美的界線。因此，如果你的界線一開始沒有達到你的期望，或是碰到未預見的挑戰，請不要感到失望。反覆調整界線是很正常的事。隨著不斷地練習，你將更善於發現自己的需求，以及建立和落實那些滿足你的需求的界線。但即使如此，你會發現設定界線更像是一門藝術而不是科學，而且大多數的界線都需要進行調整。

新界線是否成功？

你如何知道自己的新界線是否成功？由於設定界線通常需要不斷地重複，才能完全達到我們想要的結果，所以在進行調整之前，檢視哪些是有效的、哪些是無效的會很有幫助。

此外，成功很少是非此即彼的。因此，即使你尚未完全實現你想要的結果，我仍鼓勵你去注意那些朝著正確方向邁出的小步伐。它能幫助你保持動力，以及評估你是否走在正確的道路上。

你試圖設定什麼界線？

這個界線的哪些方面是有效的？

這個界線的哪些方面是無效的？

你想用這個界線滿足什麼需求？

你的需求得到滿足了嗎？在1到10的評分尺度上，評估你滿足的程度。

0 1 2 3 4 5 6 7 8 9 10

你希望透過設定這個界線產生哪些正向的感受？

你的界線有助於產生正向的感受嗎？在1到10的評分尺度上，評估那個正向感受的強度。請記住，你評分的是在設定界線後，在同一個情況或與同一個人相處時的感受，而不是設定界線時的感受。

0　1　2　3　4　5　6　7　8　9　10

整體而言，你對這個界線感到滿意嗎？它是否完全滿足了你的需求，並充分地創造了你想要的感受？

如果答案是肯定的，你有沒有繼續設定這個界線的計畫？請具體說明你的執行方式和時間。

如果你對設定的界線不滿意，或者它沒有完全滿足你的需求，請繼續讀下去，因為其他的章節會幫助你，讓你的界線更加有效。

界線的陷阱

我們設定界線的努力可能出於許多不同的原因而失敗。我們來看一些最常見的陷阱：沒有貫徹你的計畫、誤認你的需求和感受、無法得到他人的合作，以及放棄得太早。

沒有貫徹你的計畫

如同人生大多數的事情一樣，如果沒有貫徹設定界線的計畫，我們就不會得到我們想要的結果。因此，首先要問自己的問題是，你是否完全落實了你的計畫？如果沒有，你就必須知道是什麼阻礙了你，從而想出克服這個障礙的方法。

你爲設定界線做了些什麼？

你的計畫的哪個部分沒有貫徹到底？

是什麼阻礙了你？是對於界線的恐懼或錯誤的信念嗎？還是缺乏計畫或他人的回應不佳？

誤認你的需求和感受

另一個常見的陷阱是誤認我們的需求和感受。當這種情況發生時，我們往往對結果感到不滿意，但卻不知道原因。我們貫徹到底、得到他人的合作、多次設定了界線，但仍對結果感到失望。由於界線的目的是滿足特定的需求，如果我們誤認了需求或只滿足了其中一個，我們的界線可能就無法達到我們想要的結果。

再來看我那經常遲到的朋友瑞秋的例子。起初，我認爲我需要的是尊重。這看起來很合理，因爲她遲到時，我感到不受尊重和不爽。不過，我可能還有其他未被滿足的需求，例如對連結或理解的需求。如果我透過減少與瑞秋的交往時間來滿足我對尊重的需求，我就無法滿足我對連結或理解的需求。在這種情況下，我可能需要不一樣的界線計畫。

你是否有之前沒發現的不同需求，亦即其他未被滿足的需求？

無法得到他人的合作

當你請求他人做出改變，而他們拒絕或未能按照協定做出改變時，你也必須調整你的界線。此時，你必須決定是再次提出請求呢，還是你可以自己滿足這個需求。

首先，確保你以清晰和尊重的方式傳達了你的需求或願望，並且對方也已經理解。如果沒有，那麼你很可能必須調整你的方法並再嘗試一次。

你的請求是否具體又清晰？你是否以尊重和冷靜的態度傳達了它？如果沒有，你該如何改進你的請求？

如果你清楚地傳達了你的界線，但對方並不尊重，那麼就回到你的腦力激盪清單，看看是否能制定在你控制範圍內的新界線計畫。例如，如果我告訴瑞秋，她遲到我會覺得不受尊重，我希望她能準時抵達，但她仍繼續遲到，那麼我可能會透過減少跟瑞秋的見面次數（這在我能

控制的範圍內，並且是她繼續遲到的自然後果）來設定新的界線。

你有沒有辦法自己滿足自己的需求？要如何做？

放棄得太早

有時候，我們之所以無法獲得我們期待的結果，是因爲我們放棄得太早。我們很少只設定一次界線就獲得我們想要的結果，並且永遠不必再處理這個問題。設定界線是一種持續的過程。根據問題的性質、持續的時間，以及其涉及的其他人，我們可能需要多次設定同樣的界線。

當我們的界線不成功時，我們自然會感到沮喪、想要放棄，因爲結果不符合我們的期望。這就是爲什麼重要的是，我們對於改變自己的行爲所要花的時間和精力、我們改變或影響其他人的行爲的能力，以及其他人改變他們自己的能力和動機，要有務實的期待。在大多數情況下，我們低估了改變自己的困難度，同時高估了改變其他人的能力。

儘管界線需要堅持，但如果它們沒有產生效果，我們也不希望一再用同樣的方式設定相同的界線。同樣的，這會導致沮喪。可惜的是，沒有一個固定公式告訴我們，在確定無效而應該嘗試其他的方法之前，我們得設定多少次界線。然而，以下的問題可以幫助你找到適合自己的方式。

你試過多少次用步驟一至步驟三來設定這個界線？

這個界線問題存在多久的時間了？（通常來說，問題存在的時間越長，改變需要的時間就越長。）

你有看到任何改善嗎？改變並不是非此即彼的。有些情況是，即使只有小小的改善，也可能表示你正朝著正確的方向前進，並且應該堅持下去。你可能還會發現，即使只是小幅度的改善（例如，瑞秋只遲到十分鐘而不是二十分鐘），也能充分滿足你的需求，進而解決問題。

你覺得你給這個界線足夠的時間和努力來產生效果嗎？爲什麼是或爲什麼不是？

你對繼續用同樣的方式設定這個界線有什麼感覺？

你對嘗試用不同的方式設定這個界線有什麼感覺？

思考以上問題的答案。花一天或兩天的時間對它們進行反思。經過一番思考後，你認爲是堅持目前的計畫比較合理，還是制定不同的計畫更爲合適呢？

制定新的計畫

當你對界線沒有如你預期般成功的原因有了更清晰的想法，你便可以對原計畫進行微調。

根據你發現的問題點，進行下列其中一項或多項的調整：

□ 我將透過以下的方式改善我的貫徹力：

□從______（特定的人）那裡得到支持和／或負起責任。

□承諾在______（特定的日期／時間）落實______（特定的行動）。

□其他方式______

□根據我發現的其他需求來制定新的界線計畫。

□我將透過以下方法來改善我傳達界線的方式：

□更加具體地表達我的需求或願望。

□要有禮貌並尊重對方。

□確保對方聽到並理解我。

□保持冷靜。

□使用「我」陳述法。

□其他方式______

□我將根據那些我能做到的事來制定新的界線計畫，而不是仰賴他人的改變。

□我將堅持原先的計畫，至少再設定這個界線______次。

現在，你應該有調整及改進你的界線的可行之道了。但如果你仍沒有得到你想要的結果，或是你覺得越來越沮喪，那麼就回到步驟四繼續微調你的界線。重複多次步驟四是常有的事。

爲了方便參考，你可以在附錄或是在以下網址下載「設定界線的四個步驟」簡化版：http://www.newharbinger.com/47582。

總結

在這一章中，你學到一組四步驟的公式來設定符合你的需求的界線，並用正向的感受來取代負面的感受。我們還討論了如何藉由改變自己的行爲或請求他人改變他們的行爲來設定界線。

下一章的重點是，如何有自信地告訴別人你的界線。這將強化你的人際關係，並增加他人理解及尊重你的界線的可能性。

5
告訴別人你的界線

告訴別人你的界線可能會有難度，並且是令人害怕的，尤其是以前曾有過溝通不順利的經歷時。因此，我們許多人要麼會避免提出自己的願望和需求，要不就是懷著怒氣要求別人。這兩種方法都無法幫助我們滿足自己的需求，也無助於建立我們渴望的互信、尊重的人際關係。

在這一章中，你將學會如何用自信的溝通技巧有效地告訴別人你的界線，它將增加你的需求獲得滿足的可能性、減少憤怒和挫折感，並營造友好的氣氛。

有效溝通的要素

有效溝通是人人都能學會的技巧，但如果你從未學過或沒有機會練習溝通的技巧，它就會有點像學習外語一樣。起初，它令人感覺很彆扭，必須下很大的功夫。然而，隨著練習，自信的溝通會變得更加容易和自然，你會開始在你的人際關係中看到積極的成效。在這一小節中，我們將介紹有效溝通的要素並開始練習它們。

堅定

溝通基本上有三種類型：消極、強勢和堅定。當我們消極時，我們沒有尊重自己的表現，因爲我們不爲自己的需求發聲，也不坦誠地表達自己的感受；我們爲了討好他人或安撫他人，而刻意淡化自己的需求和感受。當我們強勢時，我們不尊重他人的需求和感受；我們苛刻、傷人、要求高，認爲自己的需求和感受比其他人的更重要。然而當我們夠堅定時，我們是以一種既尊重自己又尊重他人的方式，來清晰地直接傳達我們的需求和感受。

提出請求，而非要求

如果你的界線涉及請別人做出改變或採取行動，那麼你應該提出請求，而不是要求。要求會引起防禦和抵抗，而不是合作。使用「我」陳述法和妥協的意願，是兩種可以提出更有效的請求的方法。

「我」陳述法

當你的需求沒有得到滿足時，感到憤怒或挫折是很正常的。對許多人來說，這會使人說話充滿指責、羞辱和要求別人的語氣。它可能聽起來像是這樣：「你別再這麼大聲說話，你這樣眞的很不體諒人耶！」不出所料，這種方式並無法建立理解與合作。它通常只會導致防禦的心理。別人會固執己見，將精力放在證明你的錯誤上，而不是理解你的需求並與你合作來找到解決方案。

「我」陳述法使用一組固定的公式（見下文）來傳達你的感受和願望。「我」陳述法非常有效，因爲當你著重於表達自己的感受，而不是對別人的行爲進行嚴重的批評時，你就很可能引發他們的同理心而不是防禦心。

有時候，人們可能不知道自己的行爲對他人造成什麼樣的負面影響，而當我們讓對方知道他們傷害到我們時，他們就會更願意改變或妥協。「我」陳述法是一個可以幫助他人理解你的感受和需求的工具，從而使他們更願意尋找解決的方法。

以下是「我」陳述法的基本公式：

當＿＿＿＿＿＿時，我感到＿＿＿＿＿＿。

我希望＿＿＿＿＿＿＿＿＿＿＿＿。

例：當你不告訴我你會晚一點回家時，我感到不開心。我希望你如果晚於六點半回家的話，能給我發個訊息。

爲了改進你的「我」陳述法，你可以直接請求對方的同意。

例：當你不告訴我你會晚一點回家時，我感到不開心。我希望你如果晚於六點半回家的話，能給我發個訊息。你願意這樣做嗎？

如果對方同意，那麼你現在已經得到明確的協定，知道他們會做出哪些不同的改變。如果他們不同意，那麼你可以朝妥協的方向去努力；或者如果不可能達成妥協，那麼你可以採取其他的行動來滿足你的需求並照顧好自己。

在討論妥協的方法前，先練習完成「我」陳述法的公式來傳達某個界線。

當＿＿＿＿＿＿＿＿時，我感到＿＿＿＿＿＿＿＿。

我希望＿＿＿＿＿＿＿＿＿＿＿＿＿＿＿＿。

這是你願意做的事情嗎？

「這對我來說很重要」

並非所有的請求都同樣重要。因此當你的請求是重要的，你就應該表達出來。在《女性自信指南》（*The Assertiveness Guide for Women*）中，茱莉．漢克斯（**Julie Hanks**）建議我們使用「這對我來說很重要」的語句。她解釋說，這種語句很有效，因爲「它首先承認這個請求是你的意願，它對你來說是有重要意義的……這使對方更有可能傾聽你的請求，而不會關起大門或變得有防禦性」。這樣的語句能幫助對方將它與較不重要的問題或請求區分開來，並更認眞地對待它。

這種語句的變體包括：

- 「這對我來說眞的很重要。」
- 「如果你能……的話，我將不勝感激。」
- 「我有一個對我來說非常重要的請求。」
- 「我非常擔心這個。」

讓請求具體化

具體的請求，其效果最好。往往我們會以為自己已經表達得很清楚和具體了，因為我們知道自己想要什麼。當我們假設對方與我們已達成共識時，我們可能並沒有提供足夠的關於我們的請求的細節。

另一個常見的問題是，我們沒有明確地釐清我們請求的是什麼。你可能有一個大致的想法，比如希望受到尊重，但你並沒有確定你希望對方具體做出什麼不同的舉動。請注意以下三個請求之間的差異：

- 我希望你能尊重我。
- 請不要在深夜打電話或發訊息給我。
- 請不要在晚上十點以後打電話或發訊息給我。

哪個請求會幫助對方更明白你的請求，並最有可能達到你期望的結果呢？第三個例子是最有效的，因為它確定了具體的行為和時間，這有助於對方準確地理解你的願望。這減少了彼此的誤解，並使對方能正確地評估他們是否願意改變行爲。

具體化的訣竅有：

- 只要可以的話，找出一個你希望某人做的可觀察的行爲。
- 將新的行爲量化，你想要這個行爲持續多少的頻率、程度或時間。
- 給出具體的時間和日期。
- 列舉一個你正在請求的事情的實例。

試著重寫以下的界線請求，讓它們更加具體。

例：你留下一團亂，眞是讓我無語。我希望你使用後能自己收拾乾淨。

例：請不要給我的孩子吃太多垃圾食物。

試著寫一個你自己的界線請求，要盡可能地具體。

要有自信

當你能有自信地傳達訊息，知道你有權利這樣做，知道你的感受和需求很重要，知道你有能力解決自己的問題時，設定界線和提出請求也會更爲有效。

＊**訣竅**：不要用「有點」、「有些」、「或許」、「只是」等詞來削弱你的請求。

自信並不是自大，自大會帶有一種優越感。自信表示你相信自己說的話，你可以說出自己的需求或願望而無需道歉、過度解釋或找理由。道歉和找理由會淡化請求的重要性，暗示它們無關緊要，或是你不該爲自己的需求提出請求。

注意以下這些請求之間的差異：

- 很抱歉打擾你。如果不會太麻煩的話，我想請你別把車子停在我的車道前。我不是故意來找麻煩的。只是我的車被擋住的話，我上班會遲到，而我的老闆非常重視時間。
- 嗨，喬，你的車擋住我的車道了。可以請你把車停在別的地方嗎？

第二個例子直截了當，但仍保持禮貌和尊重。我有權進出我的車道，而無需爲我的請求找理由或道歉。

如果你一直爲自己的界線過度道歉和找理由，那麼自信的溝通可能令人感到不舒服或顯得苛刻。然而，溫和的語氣可以在有效傳達訊息方面起很大的作用，並讓自信的溝通感覺更加眞實自然。

理解的確認

我們還可以透過理解的確認來避免誤解。簡單地問一句：「這樣清楚了嗎？」「明白了嗎？」或「有疑問嗎？」

治療師會用所謂的反映式傾聽（reflective listening）的技巧。這種技巧比較複雜，一開始可能會感覺有點生硬，但它是有效的。其做法如下：在你提出請求後，對方用自己的話將你的請求內容重述一遍，然後問你：「我這樣理解正確嗎？」「有沒有漏掉什麼呢？」接著，你告訴對方他們是否準確地傳達了你所說的一切。如果不準確，請溫和地告訴對方遺漏或錯誤之處，然後對方再試著準確描述你所說的內容。這個過程會重複進行，直到你覺得自己被理解爲止。

你也可以觀察對方的非語言跡象，來確認對方是否在認眞聽你說話，比如眼神接觸和點頭。儘管這些並不總是等同於理解，但專注和聆聽是對話進行順利的良好跡象。

保持一致

設定界線時，我們必須保持一致和堅定，尤其是對那些抗拒我們的界線的人。有些人可能會透過辯論或消極抵抗的行爲（比如裝作沒聽到）來反駁你，希望你會打退堂鼓。重要的是要堅持你的界線，尤其是在確信自己已經被聽到和理解之後。你可能必須重申你的界線多次，才能讓某些人知道你是認眞看待這些界線，並且會執行相應的後果。

注意語氣

除了說話的內容外，我們說話的方式也很重要。你的語氣可以完全改變你說話的意義。設定界線時，應該用愉悅但堅定的語氣來表達自信和開放的態度。對於那些打斷你說話或大嗓門的人，也許吼叫能令你感到有力量或甚至是必要的。然而，我要再次強調，吼叫並不能促使聆聽與合作。通常，人們對於吼叫、諷刺或嚴厲的語氣會充耳不聞，因爲它感覺像是在批評或傷害人。事實上，愉悅而堅定的聲音會更有效果。

選擇適當的時間

要告訴別人我們的界線，時機是非常重要的。當我們對某個問題感到緊迫或情緒激動時，會很容易口無遮攔；而當我們做出衝動的回應時，我們更有可能變得苛刻並說出後悔的話。因此，除非有人處於即時的危險中，否則通常最好是等到你冷靜下來、整理好思緒、處理好情緒，並有時間釐清你的需求和界線時，再開口說話。

理想的情況是，選擇在雙方都冷靜、清醒、充分休息，並且不受電視、手機、閒雜人或問題干擾的時間。現實的情況是，討論界線並沒有完美的時間，而且如果等得太久可能會有累積怨恨的風險。因此，只要盡可能選擇最好的時間即可。對一些忙碌的夫妻或家庭來說，定期安排時間來檢視及討論需求、計畫和關係之類的問題，包括界線，是非常有效的做法。

現在有越來越多的溝通是透過文字訊息進行的。雖然這很方便，但對於更複雜或情緒較大的對話並不有效，因爲傳訊息時，少了肢體語言和語氣的暗示。此外，我們也常常分心或同時做多件事，這更可能導致發生誤解。因此，如果你預計界線對話會發生困難，或你已透過訊息開始對話但進展得不順利，那麼就安排時間進行面對面的對話。就算面對面交談你會感到不自在，但你可能會得到更好的結果。如果無法面對面交談，透過視訊或電話也會比文字訊息來得好，因爲這樣你可以更加注意到用詞和語氣的微妙之處。

讓自己冷靜

設定界線可能引發不愉快的情緒。無論是恐懼、憤怒還是憂慮，覺察自己的感受有助於你恢復情緒的平衡，進而幫助你有效地傳達界線。在設定界線前先暫停一下，注意你的思緒和感受，甚至可以將它們寫下來。注意你的身體感受。它是否緊繃？是否心跳加速？是否出汗？如果是的話，可以嘗試以下的活動來使自己平靜下來，然後再進行對話。

安定身心

安定身心（grounding）是讓自己冷靜下來的一種快速又簡單的方法。它運用正念的原理，將你的注意力重新集中在具體、可觀察的感覺上。它使你扎根當下，而不再回想過去或擔憂未來。試試以下這個安定身心的練習。

首先，在1到10的評分尺度上，評估你的壓力或焦慮程度。＿＿＿＿

做幾次深呼吸，接著問自己下列的問題。

列出你能看到的五件事物。

這個房間有多少個電源插座？____

你坐的椅子或沙發感覺如何？它是軟的？粗糙的？光滑的？

你能看到多少個綠色物品？____

你聞到什麼味道？

盡可能詳細地描述你穿的鞋子。

列出你聽見的三種聲音。

拿起身邊的某個物體。它感覺如何？重量有多重？

在1到10的評分尺度上，重新評估你的焦慮程度。______

如果評分超過5，再做一次安定身心的練習。

往後，你可以在心裡進行這個練習而不必寫下答案。你也可以嘗試安定身體的練習。同樣的，首先在1到10的評分尺度上，評估你的焦慮程度，但這次是透過身體的感覺來重新集中你的意念和感受，例如將手放進一碗冰水中，或握住一塊冰塊並注意這種感覺。

正向真言

正向眞言是一種積極的語句，你可以不斷地對自己說這些語句來激勵自己、鼓舞自己或使自己平靜下來。看看以下的例子，然後試著寫出你自己的正向眞言：

- 我行的。
- 我老神在在。
- 什麼事都難不倒我。
- 提出我的需求又不會怎樣。

自我安撫的其他方法

圈選出你想嘗試的策略，並在空白底線處列出其他的想法。以下是一些例子：

- 散步。
- 泡個澡或淋浴。
- 寫下你的想法和感受。
- 聆聽能使人平靜下來的音樂。
- 伸展身體。
- 揉一揉肩膀和脖子。
- 4-4-4呼吸法（box breathing）：吸氣，從1數到4；閉氣，從1數到4；吐氣，從1數到4。重複一至兩分鐘。
- 將手放在心臟的位置，注意每次呼吸時胸膛的起伏。每次吸氣時，盡量擴張胸膛；呼氣時，觀想你的緊張像氣球洩氣般排出去。
- 想十件你感恩的事。

• 撫摸你的貓或狗。

•

•

•

哇！我們講解了許多溝通的技巧，要消化的內容可真不少。別期望自己能記住所有的技巧，或能多完美地實行。持續的努力才是最重要的。隨著實踐的次數增加，你的技巧也會不斷地提升。

妥協及不容妥協的界線

妥協時，我們考慮到他人的需求和自己的需求。由於這是互相的，因此，妥協可以在人際關係中產生正向的感受，並且雙方通常都會感到滿意。然而，妥協也可能是困難的。

當然，如果對方不想妥協，你也無法強迫他們，不過你可以用促進妥協的方式進行溝通。「我」陳述法的使用就是很好的開始，但你也必須願意傾聽對方的觀點，並考慮其他的解決方案。以下是一個簡單的界線協商例子。

我：當你不告訴我你會晚一點回家時，我感到不開心。我希望你如果晚於六點半回家，能給我發個訊息。你願意這樣做嗎？

丈夫：我願意這樣做，但我可能工作太忙會忘記。你能在六點時打個電話給我，問我幾點回家嗎？

我：不行，我六點正忙著協助孩子們的功課和做晚飯。你可以設定鬧鐘，在六點半之前提醒自己發訊息給我嗎？

丈夫：好的，我可以。

這是一個容易達成妥協的協商，因爲這是個低風險的問題，雙方對此都沒有非常強烈的感受，或是特別執著於某個特定的解決方案。然而，當我們在協商重要的問題（例如，安全或健康的擔憂）或有強烈的情緒反應時，要達成妥協就會有更大的難度。

確認不容妥協的界線

我們都有不容妥協的界線，亦即我們不願意妥協的事，這是沒問題的。只要確保你別將太多的界線列爲無法妥協的原則即可，因爲那樣可能會使你的界線變得過於嚴格，或是你在做虛張聲勢的威脅，而這兩者都可能造成反效果。找出四、五個目前你在生活中必須要有的不容妥協的界線。以下是一些例子：

- 我不允許花生產品進入我家，因爲我女兒對花生嚴重過敏。
- 我不會和繼母待在同一個房間，因爲她有虐待的行爲。
- 我家不允許吸菸。
- 槍械一定要鎖在槍櫃中。

你有哪些不容妥協的界線？

現在，你知道自己有哪些不容妥協的界線，你可以試著在其他的界線妥協上保持彈性和開放。妥協通常對雙方都有好處，但要注意別過於遷就。許多苦於界線問題的人會把妥協和屈服混淆了。屈服是單方面的讓步或放棄，妥協則涉及雙方的讓步及各取所需。當妥協確實是互相的，它會令人感覺良好，或至少是有收穫的。但如果你經常因爲害怕衝突或缺乏自信來表達自己的需求，總是做出重大的讓步，對方也不肯做出任何的退讓，那麼你的需求將無法得到滿足，並且你會產生怨恨的情緒。

如何分辨你是屈服還是妥協？通常，你的想法、情緒和身體的感覺會告訴你，你是在屈服而不是眞正的妥協。你可能會感覺有點不舒服或失望；你可能會隱約地覺得自己被利用了。

描述你以前屈服時的感受、對方如何對待你，以及你的身體有什麼反應。

如果雙方難以達成眞正的妥協，以下是你可以說的一些話：

- 我們怎樣一起努力來滿足彼此的需求？
- 我希望找到對彼此都行得通的解決方案。
- 如果我們都願意做出一些讓步，我相信我們是可以達成協議的。
- 我想我們的目標是一致的，只是需要解決細節的問題。
- 你覺得怎麼樣才行得通？

我需要從你這裡＿＿＿＿＿＿＿＿＿＿＿＿＿＿，而你需要我做什麼呢？

- 我們可以試試這種方式。但如果你覺得行不通，我們再來重新協商？
- 我想聽聽你的想法。

我需要＿＿＿＿＿＿＿＿＿＿。但我願意聽聽看，你對於我如何用對你也行得通的方式來實現這個需求的想法。

爲棘手的對話做好準備，也能幫助你更成功、更輕鬆地應對這些討論。

設定有效界線的練習和準備

溝通技巧是複雜的，並且需要大量的練習才能掌握。對設定界線、進行棘手的對話、使用新的技巧感到焦慮是很正常的。以下是練習自信的溝通及爲棘手的對話做好準備的訣竅和技巧。

撰寫劇本

練習設定界線最有效的方法之一，就是撰寫劇本或大綱來概述你想要說什麼以及表達的方式。你還可以把對方將如何回應你的預想納入其中。你不必完全按照劇本進行，但撰寫的過程可以增加你的信心、減少焦慮感，並幫助你解決潛在的問題。

試著爲你必須設定的某個困難界線撰寫一個劇本。

寫完劇本後，從頭到尾閱讀幾遍。大聲地唸出來，並進行必要的修改。你也可以跟信任的朋友一起練習，或錄製自己的聲音來聽聽看效果如何。

觀想成功的情景

有一個策略是，觀想自己成功地設定界線。爲此，請找一處安靜的地方。如果感覺舒服的話，你可以閉上眼睛。想像自己用自信溝通的技巧，設定了一個對你來說一直很困難的界線。你在哪裡？你和誰在一起？你在說什麼、做什麼？你的語氣如何？那是什麼樣的感覺？

你也可以在這裡描述你觀想的情景。

跟「安全」的人練習

學習設定界線時，不要從生活中最難搞的人開始；相反的，你要從一些「安全」的人開始。這些人通常願意妥協、尊重你，並且關心你的幸福。你會有一種感覺是，他們會對你的請求做出正面的回應。從安全的人開始設定界線或協商最有可能帶來成功的結果，從而增加你的信心和動力。隨著你在設定界線方面的技巧提高，你可以開始練習與生活中那些更難搞的人設定界線。

你可以跟哪些安全的人一起練習設定界線呢？

______

______

______

注意別人如何設定界線

觀察他人如何設定界線、注意哪些方法行得通或行不通，以及我們會做出哪些一樣或不一樣的事，可以讓我們學到許多東西。在接下來的幾週，留意一下職場、宗教會所或雜貨店中的其他人是如何設定界線的：他們如何提出自己的需求、他們如何告知他人什麼是可接受或不可接受的、哪種語氣或用詞的選擇是有效的等等。

透過觀察他人如何設定界線，你學到了什麼？這些資訊如何幫助你提升設定界線的技巧？

強化正向的回應

行爲心理學的基本原則之一是，人們透過正向強化來學習及產生動力；換句話說，如果你對某人的行爲做出正向的回應，這種行爲就更有可能被重複。所以說，當有人對你的界線或請求做出積極的回應時，一定要讓他們知道。你可以用微笑或熱情的面部表情，說出諸如「我眞的很感謝你撥出時間聽我說話」或「我知道這很難，但我很高興我們能一起努力解決問題」之類的話，或是花時間陪伴他們。你選擇的正向強化的形式，將根據情況和涉及的人而有所不同。

設定界線時，你可能會使用哪些正向強化？

給他人適應的時間

如果你多年來都凡事不計較或是對每一個請求都來者不拒，那麼當你開始設定界線，身邊的人可能會嚇一跳。他們可能會對你的新做法感到困惑或生氣，特別是如果你沒告訴他們你正在練習設定界線。你的生活中可能有一些人會對設定界限抱持抗拒的態度，但如果你幫助他們理解你設定界限的原因，並給他們適應的時間，大多數人都會支持你。

以下是喬伊如何與她的妹妹蓋比處理這種情況的例子。

喬伊：我想告訴你，我正在努力設定更健康的界線。我不會再借錢給媽媽了，而且從下個月開始，我不能在週一照顧你的孩子。我不是生你的氣。這是我為了自己必須做的事情。

蓋比：眞的嗎？聽起來好像你要拋棄我一樣！

喬伊：我也不想這樣。但我總覺得筋疲力盡和焦慮。我債務纏身，沒有時間陪自己的孩子。再這樣下去對我的身心健康都不好。我必須學會拒絕。

蓋比：對啊，我知道。媽媽都沒有界線……我想我的界線也好不到哪裡去。

喬伊：我知道這需要一段時間去適應，所以我才告訴你。

對誰來說，告訴他們你正在學習設定更好的界線會有幫助呢？

你會告訴他們，你正在改變的原因或方式嗎？

如果你感到緊張，可以考慮寫一個劇本來練習這次的對話。

學會拒絕

拒絕別人往往會引發內疚感。許多人會避免這樣做，是因爲拒絕別人似乎給人一種苛刻或自私的感覺。我們不想傷害別人的感情或變成難搞的人；我們不想令他人失望或生氣。我們希望樂於助人並且易於相處，因此在內心其實想拒絕的時候，我們卻接受（或保持沉默）了。這是完全可以理解的！

然而，拒絕是設定界線的重要部分。它是我們保護自己免於不必要的觸碰，以及免於承諾那些我們根本沒時間做的事的方法。它是我們表達自己的需求和獨立性最基本的方式。因此，我們來討論一下如何用最友善的方式拒絕，同時保持明確和堅定。

「我有個原則」

《輕鬆說不》（*How to Say No Without Feeling Guilty*）的作者佩蒂．布萊曼（Patti Breitman）和康妮．海契（Connie Hatch）建議我們使用「我有個原則」的語句。它大致上是像這樣子的：

> 克里斯：嘿，喬治，我的卡車在修車廠，明天能借用你的車嗎？
>
> 喬治：對不起，我有車不外借的原則。

根據布萊曼和海契的說法，「我有個原則」使你的拒絕感覺不那麼個人化，因爲你是基於一般的原則來說「不」，而不是基於這個具體請求或人。它還表示了你對這個問題進行過充分的思考，所以才建立一項原則。

當然，原則不應該是你在感到壓力時草率拋出的隨機藉口。若你想建立不將昂貴物品借給朋友或工作日不喝酒之類的原則，請確保它們是經過深思熟慮並反映出你的優先事項。

你的優先事項是什麼？它們可能是培養良好的家庭關係、保持身體健康或節省金錢。

哪些個人的原則可以幫助你保護你的優先事項？

「讓我考慮一下」

有人請你幫忙或要你做某事時，你的默認答案是「好」嗎？我們有許多人常未經仔細的思考就脫口答應人家了。事實上，在我們這快步調、科技驅動的生活中，很少有狀況是必須立即回應的，儘管它們好像看似如此。就算是傳訊息也很少是緊急的事。或許有些人會希望你立即回覆，但通常無此必要。因此，在你答應另一項承諾或幫忙之前，請先緩一緩。花點時間思考這個請求。在你做決定之前，先看一下行事曆並考慮你的優先事項。

若你必須立即回應，就告訴對方你需要時間來考慮你的選擇。你可以使用以下其中的一句話：

- 讓我考慮一下。
- 我必須看一下行事曆。
- 我現在還不確定，我回頭再答覆你。

延遲決定來進行深思熟慮的思考是沒問題的。但重要的是，要回頭給出明確的答案，而不是將事情擱著不處理。如果可能的話，讓對方知道你何時會回覆，你可以說：

- 我可以明天再告訴你嗎？
- 我想和瑪莉商量一下。我會在星期五打電話告訴你答案。

這種方式能令對方感到受尊重和重視，即使你的答案是拒絕。

半真半假和謊言

有時候，我們可能會忍不住用「半眞半假」或謊言來設定界線。爲了不讓朋友難過，你可能會取消晚上的聚餐，告訴他你的孩子生病了，而不是告訴他你無法忍受他的伴侶的政治觀點。又或者，你告訴老闆你人在外地，而且當地沒有行動通訊服務，會比你解釋你不想在休假日跟他講話更爲容易。

謊言不一定在每種情況下都是錯誤的。終究，你可以自行決定是否要偶爾撒個謊。然而，要小心別依賴謊言來逃避棘手的對話，比如說設定界線。謊言可能會損害關係，尤其是它們被揭穿時。即使眞相從未被揭露，謊言也可能令人感到不眞實並增加內疚感。

在用謊言來設定界線之前，先問自己以下的問題：

- 我有沒有試過坦誠又直接地表達自己的需求？爲什麼有或爲什麼沒有？
- 我是否有辦法既坦誠又友善？
- 這謊言可能會損害關係嗎？
- 在這特定的情況下說謊，我有什麼感受？

更多拒絕的方式

- 不，謝謝。
- 對我來說不適合。
- 謝謝你想到我，我眞的希望可以。
- 我很想答應，但我已經答應人家太多事了。
- 可惜，這不是我現在能做的事。

- 我已經排滿了行程。
- 我對此不感興趣。
- 也許下次吧。
- 我希望我可以，但我實在沒辦法。
- 我不認爲我對這件事能有所幫助。
- 很抱歉這次無法幫到你。
- 聽起來很有趣，但我現在負擔不起。
- 現在不是好時機。
- 我無法再接新的計畫。
- 聽起來很有意思，但這不符合我的優先事項。
- 我現在把重心放在家庭上，能答應的事情有限。
- 那不是我的強項，我只好婉拒了。

行動勝於言辭

目前爲止，我們主要是在談用言語來傳達界線，但我也想談談用非言語的方式來傳達界線的時機和方法。言語並不總是傳達界線的最佳方式。有時候，你必須採取行動來保護自己或他人，解釋並不管用，甚至還可能使情況變得更糟。舉例來說，如果一直對你性騷擾的叔叔坐在你旁邊，那麼你可以從沙發上起身走到另一邊去。在這種情況下，你不需要解釋自己爲什麼要移動，因爲解釋可能導致尷尬或衝突，而這是你不樂見的。

遇到以下的情況，你可以單純的採取行動，而不必解釋你的需求或界線：

- 你或其他人正受到傷害（或有受傷的風險）。
- 你正在應付某個受藥物或酒精影響的人。
- 你正在應付某個行爲不理性、危險或不穩定的人。
- 你之前已經解釋過你的界線，但這個人一再觸犯。
- 向這個人解釋你的需求或界限可能導致爭吵或肢體衝突，你可能會受到指責或羞辱，或你說的話會被用來對付你。

你是否遇過某個人或某種情況，當時你最好是採取行動而不是解釋自己的界線？根據你現在對於界線及建立界線的方法的了解，寫下當時發生的事，或你將如何行動來保護自己的安全。

在第十一章，我們將更詳細地探討如何與難搞的人建立界線。

總結

在本章中，你學到了如何用有效的溝通要素來傳達你的界線、設定界線的練習和準備方法、拒絕的方式，以及有時候行動會比解釋更有用。溝通技巧並不容易，因此請繼續練習這些技巧，並隨時複習本章來進行調整。接下來，我們將討論如何應對界線的侵犯。

6

界線侵犯的處理

目前爲止，你已學會如何確立你的界線，以及如何告訴別人你的界線。遺憾的是，有時候你的界線還是會受到侵犯或不被尊重。因此，思考如何處理界線侵犯、了解執行後果的重要性，以及探索界線侵犯如何影響我們的關係，是非常重要的。

什麼是界線侵犯？

你曾試過設定一個界線，卻被忽視或不被認眞對待嗎？或者當你設定限制時有人會生氣，或他們同意改變自己的行爲卻沒有落實？這些都是界線侵犯的例子，並且是痛苦的經歷。以下的例子詳細地介紹了不同類型的界線侵犯。

瑪西德絲伸手要拿第二份馬鈴薯。母親瞪了她一眼說：「你確定還要吃馬鈴薯嗎？要不要吃點沙拉？」

「不要。媽，我想吃馬鈴薯。」她回答道。

「你不擔心你的身材嗎？你看起來好像胖了幾磅。」

「媽，這件事我們說過幾遍了。我已經是成年人，我可以管好自己的體重。我希望你別再管我吃什麼和我有多重。」

「哦，我沒惡意，你老是誤會我。你知道我愛你。」

芭比將一個房間出租給丹尼爾。在他搬進去之前，她明確地告訴他，使用完廚房後要整理乾淨，並警告他別把太多的衛生紙扔進馬桶裡，因爲管道很容易堵塞。他同意了。然而，在他搬進去的第一週，他三次把碗留在水槽裡，並堵塞了馬桶。爲此，芭比溫和地提醒丹尼爾當初的協定。可是，他並沒有道歉或爲自己的行爲負責，他對她大喊：「我還不是因爲要加班，人都快累死了！你難道一點同情心都沒有嗎？」

你能對瑪西德絲或芭比的處境感同身受嗎？如你所見，某些界線侵犯是更被動的，甚至會像瑪西德絲的母親一樣僞裝成關心和擔憂，而其他的界線侵犯則是明目張膽又令人不愉快的。

你曾遇過哪些界線侵犯？

界線受到侵犯時，你有什麼感覺？這如何影響你與對方的關係？

界線侵犯是不可避免的，但這並不表示我們對此束手無策。因此，我們來思考怎樣回應才能滿足我們的需求，以及在可能的情況下維持彼此的關係。

界線侵犯的回應

解決界線侵犯的問題並不容易！一般而言，有自信地回應並運用第五章的溝通技巧，是一個很好的準則。如果我們過於被動（不處理界線侵犯）或過於激進（用怒氣、要求或最後通牒來回應），那麼我們可能無法獲得想要的結果或滿足我們的需求。然而，有時候放任界線侵犯而不處理也是有道理的。我們來探討如何確定哪一種回應能實現你的目標，並且滿足你的需求。

回想一個你曾經不確定該如何回應某個界線侵犯，或者你的回應沒有帶來你想要的結果的情況。描述當時的情境，以及你本來可以如何回應這個狀況。

______

______

______

現在，用同樣的情境來回答以下的問題，以便更深入地了解那些影響你回應方式的因素。

在1到10的評分尺度上，評估這個問題的重要性。爲什麼你給出這樣的評分？它是無法妥協的原則嗎？它是安全的問題嗎？

界線侵犯使你受到什麼樣的影響？在1到10的評分尺度上，評估你的感受強度。嚴重的負面情緒（例如，憤怒、惱火、沮喪、絕望或悲傷）是另一種指標，它表示這對你來說是重要的問題。

了解界線的重要性和你怎樣受到界線侵犯的影響，將幫助你確定是否要予以回應、以及如何回應。注意：安全的問題勢必要解決，因爲你必須保護自己和他人的安全。

在這種情況下，你是如何告訴對方你的需求或想法？你當時說了什麼？你的語氣如何？你的請求是清楚又具體的嗎？

對方有聽進你的話嗎？你怎麼知道對方理解了？

如果你的界線被侵犯是因爲你沒有提出具體的請求，或是對方沒有把話聽進去或理解你，那麼你可以在採取其他行動之前，再次表達你的界線請求。

你與侵犯你界線的人是處於什麼樣的關係性質？在1到10的評分尺度上，評估這段關係的重要性。

___

___

___

覺察關係的性質和重要性，也有助於你決定如何回應。例如，當你擁有一段有意義且希望維持的關係時，你會考慮不同的選擇；而與陌生人或你不在乎的人相比，你則會有不同的處理方式。

這種情況以前發生過嗎？這個人侵犯你的界線有固定的模式嗎？如果有，這個模式告訴了你什麼？

如果有人一而再、再而三地不尊重你的界線，這並不表示你做錯了或你不該對這個人設定界線。更有可能的是，這表示你必須試著用不同的方法來設定你的界線，並更加照顧自己來應對這個人。在第十一章中，我們將討論更多關於應付那些反覆侵犯界線的人的方法。

現在，你可以決定自己是否應該回應這個界線侵犯。如果是的話，你該如何回應。

這個界線侵犯有必要回應嗎？理由是什麼？

回應界線侵犯時，我們通常是透過執行某種後果來完成的，這也是接下來的重點。

執行後果

後果是你爲了保護自己而對界線侵犯採取的行動。它可以是任何事情，從走出房間到提出離婚。

通常而言，很難設定界線的人也很難執行後果。然而，如果你請求妻子別在公眾場合嘲弄你，但當她還是繼續嘲弄你時，你卻表現得像個沒事人一樣，那還有什麼意義呢？沒有後果，界線就變得毫無意義。我們必須選擇自己認爲正確並且願意執行的後果。

後果與懲罰的區別

如同界線不是爲了懲罰而設定的一樣，越過界線的後果也不是爲了懲罰。別忘了，我們的界線是爲了保護自己。因此當我們的界線被跨越，我們就必須找出不同的方式來保護自己。舉例來說，如果你的配偶有外遇，你可能會保持距離並採取其他措施來保護自己，例如諮詢律師、或拒絕與配偶進行沒有保護措施的性行爲。即使你可能感到憤怒，甚至想報復配偶，但後果的目的是保護自己，而不是懲罰對方。這是一個重要、但容易令人混淆的區別。而最好的區分方式就是問自己：「這個後果將如何幫助我保護自己和照顧自己？」

此時，你可能會想：「懲罰那些侵犯我的界線並對我不好的人有什麼不對？」這是個合理的問題！想要報復是可以理解的。報復令人感覺充滿力量，它感覺像是自我保護，但其實很少是如此。通常，報復只會使你處於更危險的境地，因爲它會讓衝突持續下去。也因此，你無法解決最初的問題，並且會在關係中產生更多的距離和敵意。相反的，執行後果是一種自信的行爲——你是以尊重自己和對方的方式來捍衛自己。

前一個練習的界線侵犯經歷（如果你得出的結論是不必回應，就改用其他的界線侵犯經歷），哪些後果對你來說是合理且可執行的？

現在你已經確定了一些後果，接著我們來了解如何執行它們。

如何執行後果

界線被跨越時，可能會引發你強烈的情緒。當我們感到憤怒、受傷或尷尬時，是無法做出最好的決定的。因此在說話或行動之前，先花一些時間思考你的選擇，並用第五章中的策略來安撫自己及減輕情緒的強度。再次強調，不用考慮那些你根本不會去執行的最後通牒或虛張聲勢的威脅。

根據情況，你可能需要或不需要口頭告知對方後果。艾瑪和瑪雅的故事提供了兩種狀況的例子。

艾瑪發現男友出軌時感到憤怒和受傷。她希望挽救他們的關係，同時也知道她需要設定界線來照顧自己。她告訴男友，爲了重建關係中的安全感和信任，他必須切斷與另一個女人的所有聯繫。如果他不這樣做，艾瑪將搬去跟她的母親同住。

瑪雅與新同事安吉拉一拍即合。她們開始每週幾次一起吃午餐，並快樂地談論她們共同觀看的眞人秀節目。但當瑪雅提到她正在和一位年紀很大的女人交往時，安吉拉批評了她。而且每次她們一起吃飯時，她都一定會批評瑪雅的伴侶。瑪雅感到受傷並開始閃避安吉拉。她開始在午餐時間工作，或是與其他同事安排其他的事，使自己更不容易與安吉拉有共處的機會。

艾瑪選擇在採取行動之前告訴男友後果，而瑪雅則選擇在不告訴安吉拉的情況下執行後果。這兩種方法都沒有本質上的對錯。對於艾瑪來說，考慮到她與男友的關係的重要性、重建信任和安全的渴望，以及後果的嚴重性，她認爲在執行後果之前先告知他是恰當的。不過，如果她認爲事先告知的話，男友可能會變得具有攻擊性或掌控性，那麼爲了安全起見，最好還是去她母親那裡而不多作解釋。儘管瑪雅受到安吉拉的傷害，但她們並沒有瑪雅想繼續經營的密切或長期的關係。

如果你不確定是否要解釋或陳述後果，請考慮該情況的以下各方面：

- 解釋後果是否更安全。
- 關係的性質和重要性。
- 界線侵犯或預期的後果的嚴重性。
- 此人是否有某種界線侵犯的模式，顯示他們不太可能改變。

回到本章開頭的瑪西德絲和芭比的故事，想想看你在各種情況下會怎樣執行後果。再次強調，這個答案沒有對錯。這個練習的目的是讓你思考不同方法的優缺點，從而決定哪一種方法最適合你。

如果你是瑪西德絲，你會怎麼做？

如果你是芭比，你會怎麼做？

是什麼原因導致你對瑪西德絲和芭比的情況採取相似或不同的後果執行方式？

艱難的抉擇

有時候，界線侵犯迫使我們做出艱難的抉擇。有時候，執行界線侵犯的後果可能令我們失去許多。例如，說出如果配偶不忠你就會離開他們這種話是很容易的，但現實中你可能會失去許多東西（經濟安全、家園、支持你的親戚、孩子的穩定），而這可能讓分手變得非常困難。

在某些情況下，我們可以接受自己的需求沒有完全被滿足，但如果我們要繼續與某人保持關係，或讓他們進入家裡、與我們的孩子相處，那麼有些界線是無法妥協的，並且絕對必須被維護。然而，即使是侵犯這些無法妥協的界線，要執行其後果也可能相當困難，尤其在攸關利益時更是如此。可是，不採取任何行動的話，代價可能會更高。當我們任由他人侵犯我們無法妥協的界線時，我們付出的代價是我們的尊嚴、安全、健康和自尊（有時還包括我們孩子的健康和幸福）。以下的故事是我們一些人面臨艱難抉擇的例子。

羅傑和茱蒂的三十二歲女兒莎拉，在十八歲時因車禍而對止痛藥上癮。從那之後，她一直苦苦掙扎——她在入獄和戒毒期間曾經無家可歸並濫用海洛因。羅傑和茱蒂一直都很擔心莎拉。所以當她懷著六個月的身孕回家時，他們歡迎她回家並幫助她戒毒。然而在她女兒出生後不久，她的毒癮又犯了。她繼續吸毒，晝夜不分地進出家門、偷竊，並對她的父母惡言相向。羅傑和茱蒂很想設定界線，告訴莎拉他們無法接受她的行為，她必須離開這個家。但每次他們想這樣做時，莎拉都威脅要帶她的女兒一走了之。羅傑和茱蒂過去三年來一直撫養他們的孫女，他們無法承受莎拉將她帶走。

諾莉有一份自己喜愛的工作，薪水和福利都很好，並且有晉升的機會。但她的經理一直騷擾她，這令她感到不舒服。她試圖與他溝通，但他把她的話當作耳邊風。她感到焦慮，難以集中注意力，並且失眠。諾莉考慮過向經理的上司申訴，但她害怕後果。她可能會被解雇，或在這個圈子遭受排擠。她也考慮過辭職，但她必須賺錢來幫助父母，而且她不認爲自己能找到另一份薪水相當的工作。

你是否能理解羅傑和茱蒂的難題，或諾莉的困境？即使你面臨的艱難抉擇的細節不同，你也可以用以下的問題來幫助你整理思緒、感受和選擇。

什麼樣的界線侵犯使你面臨艱難的抉擇？

你或其他人怎樣受到這個界線侵犯的傷害？

是什麼阻止你執行這個界線侵犯的後果？如果執行後果，你可能會失去什麼？

你可能會得到什麼？

相對於你可能得到的東西，當你想到失去的東西時，你的感覺如何？

這些問題可能會引起一些令人難以承受或不快的情緒，所以我們在此暫停一下。這一小節名為「艱難的抉擇」，因為這些界線侵犯要你做出真正困難的、往往會改變一生的決定。我並不指望僅僅透過閱讀幾段文字和回答幾個問題，就能為你帶來你所期望的明確性和心靈的平靜。許多人在做出這些決定之前會經歷數個月、甚至數年的困惑和掙扎。如果你也是這種情況，沒有關係。給自己一些時間來思考你的選擇、感受你的情緒、諮詢值得信任的顧問（例如親密的朋友或諮商師）、冥想或祈禱。你不必現在就做出決定，但是要回到這些問題，繼續聆聽你的想法、感受和需求；你要重視它們，而不是迴避或忽略它們，如此一來，你便能及時做出最好的決定。同時也別忘了，當你對自己要求許多事情時（例如做出艱難的決定），你也要給自己更多的回饋來照顧自己。所以，要善待自己，對自己好一點。

總結

在這一章中，我們討論了界線被跨越時，使用後果而不是懲罰的重要性。如果我們不這樣做，我們的界線就變得毫無意義。然而，執行後果與設定界線困難的理由，在許多方面都是一樣的。有時候，界線侵犯並不留給我們有好選擇的餘地。我們最終會發現，爲了重新獲得安全、自尊和幸福，唯一的方式就是結束一段關係、辭掉工作、搬家、或放棄其他對我們重要的事物。儘管你可能還是覺得執行後果是很難的一件事，但我希望你現在有更多的自信，並且準備好去落實它們。接下來，我們將專門探討特定情境下的界線技巧。

【第三部】

與他人的界線

7

職場的界線

在本書的第一部中，你了解到什麼是界線以及它們的重要性。在第二部，你建立自己設定界線的技巧。現在來到了第三部，你將在生活的不同領域中練習界線的技巧。你目前學到的界線技巧爲你打下堅實的基礎，以便進一步學習在特定情境中設定界線的更專業的技巧。在本章中，我們將討論處理職場的界限問題的方法。

職場需要界線的理由

你的老闆曾給你超出工作時間能完成的工作嗎？你是否遇過混水摸魚的同事，因而讓你獨自承攬所有的工作？有沒有那種不斷地打斷你說話或闖入你個人空間的同事呢？毫無疑問地，我們都遇過在辦公室裡用微波爐加熱魚，並似乎對辦公室充滿難聞的氣味毫不在意的同事。儘管這些都是很小的界線問題，但它們可能使工作氣氛變得不愉快和令人沮喪。而更嚴重的職場界線問題，例如性騷擾、積欠薪資或在沒有安全裝備的情況下工作，會對我們在職場的健康和幸福產生嚴重的負面影響，並且可能擴大影響到我們的個人生活。

職場的界線告訴你的老闆、同事、客戶和其他人，他們可以如何對待你，或是你願意做什麼。它們保護你免於受虐待、被利用、工作過度或身體的傷害。職場的界線還明確界定了你的責任範圍和非責任範圍。現在，我們來深入了解一些職場界線問題的例子，看看它們是如何發生的。

二十六歲的阿爾納夫，過去兩年在一家大型零售商的市場部門工作。他喜歡這個快節奏的工作環境，並且有機會向更有經驗的專業人士學習。阿爾納夫與已在公司工作十五年並深受尊敬的伊安密切合作。最近，伊安對阿爾納夫的所有想法都抱持冷淡的態度，告訴他這些想法「過於誇張」或「不會吸引我們的目標顧客群」。阿爾納夫感到失望，因爲這些創意都是他的心血，但他認爲伊安是對的。所以當伊安拿走阿爾納夫的某個創意並將它歸功於自己時，他感到十分震驚。但伊安卻不以爲意並說道：「這有什麼大不了的！你的創意那麼多，但我需要一個勝利。」於是，阿爾納夫就隨它去了。兩個月後，伊安再次將阿爾納夫的另一個創意宣稱爲自己的。

奧黛莉是一家醫療診所的計時雇員。她應該在下午三點準時下班，但經常得加班完成必要的文書工作。此外，她的老闆常常在晚上打電話向她提問，並堅持在休假日時讓她長時間與保險公司通話，以獲得具時效性的醫療授權。起初，奧黛莉忍受這種情況是因爲她想留下好的印象，況且她所有的同事似乎也都是這樣做。但她很憤慨並且覺得被占便宜了，因爲老闆拒絕爲她超時的工作支付加班費。她一直在考慮辭職，但又不想離開她的患者而去。

這些故事聽起來很熟悉嗎？阿爾納夫和奧黛莉都在乎自己的工作，並且希望做得好，但他們沒有設定界線來保護自己。當阿爾納夫被伊安背叛時，他的工作效率和自信心因此受到重大的打擊，他對自己一開始那麼相信伊安感到愚蠢和天眞。奧黛莉非常沮喪，幾乎想辭職走人了。她付出的時間沒有得到尊重，並且被期望無償工作。阿爾納夫和奧黛莉都因爲在工作中缺乏足夠的界線而受苦。

思考一下你目前的工作情況（如果目前沒有做有支薪的工作，可以參考志願工作或以前的工作）。你在工作中遇過哪些界線的問題？它們如何影響你的工作表現、工作滿意度和個人生活？

現在，你已經讀了阿爾納夫和奧黛莉的故事，並思考了與自己的工作相關的界線問題，你對於我們為何必須在工作中設定界線有了很好的理解。接著，我們來討論那些阻礙我們的因素，以及如何克服這些障礙。

克服在職場上設定界線的障礙

從某些方面來說，在職場設定界線與在個人生活中設定界線是一樣的。你可以利用第四章設定界線的四個步驟，以及第五章告訴別人你的界線的技巧來引導你。然而，職場關係、角色、規範和權力差異也可能帶來一些特殊的挑戰。

許多人在設定職場界線時感到困難，是因爲他們會失去很多，其中最明顯的就是丟掉飯碗。他們理所當然地擔心如果他們設定界線就會被解雇，或以其他方式受到懲罰。當然，我無法保證設定職場界線或其他任何地方的界線，不會產生任何負面或意外的後果。然而，不設定界線也會有負面後果，而且通常會比阿爾納夫和奧黛莉所經歷的後果更加嚴重。因此，在閱讀接下來的內容的同時，請權衡一下在你的工作場合設定界線的利弊。

處理無力感

如果要設定界線，我們就必須克服一個錯誤的信念，那就是我們沒有權利設定界線或被公平對待。在第三章中，你確定了你的個人權利，並意識到你和其他人一樣擁有一定的基本權利。那份個人權利清單適用於你的個人生活和職場（參見第81～82頁）。

然而，如果你在職場上感到無力或對自己的權利感到不確定，那麼確認更多與你的工作職位相關的權利可能會有所幫助。我試圖列出一些看似普遍適用的權利，但根據你的工作情況或所在地，你的職場權利可能會有所不同。

以下是一些職場權利的例子：

- 我有權受到尊重。
- 我有權不受到基於性別、種族、性取向、宗教、年齡或殘疾的歧視。
- 我有權獲得按照協定條款支付的薪水。
- 我有權休假。
- 我有權拒絕。
- 我有權在安全的工作場所工作。
- 我有權得到我從事的工作的榮譽。
- 我有權使用確保工作能安全執行所需要的設備或材料。
- 我有權＿＿＿＿＿＿＿＿＿＿
- 我有權＿＿＿＿＿＿＿＿＿＿
- 我有權＿＿＿＿＿＿＿＿＿＿

以你的權利爲依據，你必須在職場上設定哪些界限？

認識到你有權利並請別人尊重它們，並不代表它們就一定會受到尊重。我們的力量主要是在於，當我們無法仰賴他人來理解和滿足我們的需求時，我們能夠自己滿足自己的需求。

如果相關的其他人不願意改變或無法改變，你是否能以其他方式自己滿足自己的潛在需求？如果不能，你還看到其他哪些選擇？

遺憾的是，我們在職場上設定和執行界線時面臨的另一個障礙是，我們可能沒有像在個人生活中那樣多的選擇。

處理選擇有限的情況

我們大多數人在職場的自由度並不如在家中那麼高，因爲有更多的規定必須遵守，還有一個爲我們做出決定的決策層級。然而，這並不代表你是無力的或無法設定界線。這可能意味著在處理職場的界線問題時，你的選擇比較少，就像在德瑞克的故事中所看到的那樣。

德瑞克身爲一家繁忙的律師事務所的櫃檯接待員，必須坐在櫃檯接聽電話、迎接客户，以及處理各種行政工作。許多同事都跟他相處融洽，其中包括瑪麗娜律師，她每天早上都會大方地爲德瑞克帶一杯他最喜歡的咖啡。但是，瑪麗娜送咖啡來時，她會拉把椅子坐下來，抱怨自己的問題長達二十分鐘。儘管德瑞克喜歡瑪麗娜，並且感謝她帶來的咖啡，但他非常忙碌，並且覺得她的消極情緒令他精力透支。他已多次向瑪麗娜表明他沒空跟她聊天，但她依然故我。德瑞克不知如何是好，但他的工作又讓他無法擺脫瑪麗娜。

德瑞克與瑪麗娜一起工作的事實，代表他每週必須看到她五天。如果他在圖書館或咖啡店工作時有陌生人一直和他說話，他可以起身離開；但在辦公室，他根本無法移動辦公桌或改變工作的時間。德瑞克在處理瑪麗娜的界線侵犯時，他的選擇有限，但仍有選擇。比方說，他可以安排一個更方便的時間與瑪麗娜聊天（例如午餐時間）；繼續友善而直接地告訴瑪麗娜自己沒空聊天；請他的主管與瑪麗娜談談；或者改變他們的日常安排，暫時不喝咖啡幾週或請幾天假。

這些選擇可能都不是那麼的理想，但它們會比德瑞克辭去他喜歡且擅長的工作、或者因爲無望和無能爲力而苦不堪言來得好。重點是，我們更容易注意到我們無法做到的事情，以及找出我們無法解決界限問題的原因，而不是接受不完美的解決方案。

當你確定處理職場界線問題的選擇時，注意自己是否對它們有抗拒或評斷。例如，你可能會想：「這是個愚蠢的想法」或「我不想當告密者」。利用下面的表格來探索你的感受。對這種抗拒或評斷的意義抱持好奇心，看看是否能找到更積極的方式來看待你的選擇。

處理界線問題的選擇	抗拒或評斷	可能的正向結果
例：請主管與瑪麗娜談話	擔心主管會感到惱怒並對我產生負面印象	主管會給予支持，因為我是一位出色的員工，我希望完成我的工作。

此外，你在職場的權力大小也會影響你設定界線的方式。

應對權力差異

有時在職場設定界線的困難，與處於下級角色或權力不如他人有關。事實上，儘管我們具備自我發聲的能力，也願意改變我們能控制的事情，但我們並非總是能獨力解決工作相關的界線問題。你可能沒有充分的權力來將自己跟有虐待傾向的同事保持距離，或者沒有資源來讓雇主支付你加班的工資。在這種情況下，你可能必須請有更大權力和資源的人介入，例如，人力資源主管、勞工委員會、律師、工會代表、執法機構或公司高層來維護你的權利。

以下的情況，代表你可能必須尋求外部的協助：

- 你已經試圖自己解決問題，但情況沒有改善。
- 你的直屬主管對你的擔憂不予理會、拒絕調查或指示你不要呈報問題。
- 你擔心自己或他人的安全。
- 你受到身體的虐待、騷擾或貶低。
- 你因性別、種族、宗教、性取向、年齡或能力而遭受歧視。
- 你的身心健康因工作環境而受損。
- 你的雇主、同事或主管要求或強迫你從事危險、非法或不道德的行為。
- 如果你呈報危險、非法或不道德的行為，就會遭受威脅（受傷、被解雇或降職、遭遇不理想的排班等等）。

- 你的雇主違法（例如，你沒有得到加班工時的薪酬或應有的休息時間）。
- 其他：__________
- 其他：__________

不同於個人的關係，雇主可能對你在職場上如何被對待的感受不太感興趣，而是更關心保護他們自己的利益。因此，如果你決定向你的上級或公司之外的人尋求幫助，請準備好關於發生情況的詳細信息（日期、目擊者、確切的言論或行為），以及你希望他們對此做出什麼樣的處理。

尋求工作相關的界線問題的幫助可能會引發焦慮——即使你知道自己的權利遭受踐踏，而且你很難自行解決這些問題。我經常發現，人們寧願辭職也不願尋求幫助。因為辭職時，你會有一種自己有控制權的錯覺，而尋求幫助（可能會被解雇、尷尬或被貼上麻煩製造者的標籤）則會感覺自己沒有力量。不過，辭職很少是人們眞正想要的結果。因此，梳理一下你的感受和選擇，然後找出最佳的行動方向。

你是否曾經覺得解決職場界線問題的唯一辦法就是辭職？如果你曾經遇到這種情況，請注意當你考慮尋求幫助時出現了什麼樣的感受？你對此感到困難、壓力或害怕的地方在哪裡？

___

___

___

你最終想要的結果是什麼？你自己實現這個結果的可能性有多大？

___

___

___

當然，尋求幫助並不保證能得到你想要的結果。你必須權衡潛在的好處與可能的缺點。當它涉及到你的工作、薪水和職業地位時，你必須審慎地思考你的選擇。

你認爲尋求幫助的潛在好處和缺點是什麼？在有幫助的情況下，你實現期望的結果的可能性有多大？

我希望我能告訴你，在職場（或在任何情況）設定界線總能有好的結果，這是一種天眞的想法。遺憾的是，有些人和機構並不尊重他人，並且會盡可能地占人便宜。因此在極端的情況下，辭職可能是保護自己免於受虐的唯一途徑。即使如此，請想想看在職場設定界線可以讓你獲得什麼。

即使設定界線並不完全成功，你可能會獲得什麼？在職場上嘗試設定界線並展現自信，會向他人傳達關於你的什麼信息？或者，在職場上消極被動會向你的同事和雇主傳達什麼信息？

我希望你會發現，爲自己發聲是值得的努力，它反映了你應該得到尊重和公平對待的權利，也是成爲更有自信和建立信心的一步，即使其他人不願聽取你的意見。你可以在以下網址的資源頁上找到就業權益資源的清單：http://www.newharbinger.com/47582。

總結

在職場設定界線必須用到我們在個人生活中使用的許多相同的技巧，而且它可能更具挑戰性，因爲我們可能有丟掉工作的風險，並且我們可能沒有權力改變環境、工作時間表或跟我們互動的人。本章討論了你在職場的個人權利、處理權力差異的問題，並探討何時以及是否需要尋求外部的協助來解決工作相關的界線問題。在第八章，你將學習設定伴侶關係的界線。

8

伴侶關係的界線

愛情往往是我們最具挑戰性的人際關係，而這些困難有很多是界線問題引起的——你們在這段關係中各自負責的事項和可接受的行爲，並沒有明確的協定。在本章中，你將學會解決伴侶之間界線問題的必要技巧，從而建立一個更令人滿意、更少矛盾的關係。

界線可建立強大的連結

你是否擔心設定界線會使你和伴侶之間產生距離或衝突？如果是的話，你並不是唯一有此顧慮的人。事實上，對設定界線感到緊張是很合理的。

不過請你想一想，如果沒有界線會發生什麼事。沒有界線，你可能會覺得受到伴侶的束縛或掌控，彷彿失去了自己的身分或獨立性；或者你們的關係可能充滿衝突、失望和感情的傷害，因爲你們沒有關於彼此的行爲和分工責任的明確協定。

幸好，健康的界線能幫助你在關係中創造適度的連結和分離，如此一來，你便能擁有你想要的信任和親密感，同時保有自己的個體性。界線還可以減少衝突、指責和怨恨，因爲它們界定了伴侶關係中每個人的責任，並保護你們的關係免於受到外界的威脅，例如不忠、耗費時間的嗜好、或將父母或朋友的重要性置於伴侶之上。

界限問題如何導致你與現任或過去的伴侶之間的問題？

你希望界線如何改善你與伴侶（或未來的伴侶）之間的關係？

我們來仔細看看伴侶之間常見的一些界線問題，以便我們能理解並解決這些問題。

伴侶間常見的界線問題

凱斯和卡桑德拉目前都面臨伴侶之間的界線問題。閱讀他們的故事時，請注意他們的伴侶是怎樣侵犯他們的界線、他們的需求爲何無法獲得滿足，以及這對他們的關係產生什麼樣的負面影響。

凱斯是個性內向的人。他沒有很多親近的朋友，也很少跟朋友訴說自己的問題或感受。他的女友雪瑞兒剛好相反；她外向且擅長與人建立深厚的友誼。因此當他們的關係出現問題時，雪瑞兒毫不猶豫地就將凱斯患了憂鬱症並服藥的事告訴她的朋友。當凱斯發現雪瑞兒已經告訴友人這些私人的細節時，他覺得自己被背叛了。他感到尷尬和憤怒，因爲雪瑞兒越過了這道界線。

結婚兩年來，卡桑德拉和麗娜一直爲財務問題爭吵。卡桑德拉希望存錢買房，並在她們有孩子時能暫停工作。麗娜說她也想這樣，但她卻繼續在未問過卡桑德拉的情況下進行大額度的消費，而這增加了她們的信用卡債務。她們試圖一起制定預算，但麗娜沒有遵守，並繼續購買卡桑德拉認爲非必要的東西。卡桑德拉看到自己的財務目標逐漸破滅，並認爲麗娜的行爲是不尊重和不愛她的表現。

你是否能了解凱斯、卡桑德拉或他們的伴侶的感受？我們大多數人在伴侶的界線問題上都曾有過兩方的經驗——我們的界線被侵犯過，同時也曾侵犯過伴侶的界線。

界限是管理我們人際關係的一種協定。其中一些協定（例如，約定在週六晚上共度優質的時光）有助於建立健康的關係，而其他一些協定（例如，彼此允許用侮辱性的詞語辱罵對方）則不利於健康的關係。當然，現在不大可能有人會正式達成協定說可以互相辱罵。相反的，這種協定是積年累月形成的——要麼這種辱罵沒有人抗議，不然就是做這種事不會有實質的後果。基本上，如果某種行爲被容忍，它就會在默認的情況下變成可接受的。

婚姻或伴侶關係中最常見的問題，比如忠誠、溝通、隱私、金錢和時間的使用方式、家務責任的分配、以及性愛的頻率和方式，本質上都是界線的問題。在看這每一個問題時，試著找出你與伴侶在這些問題上所達成的明確口頭陳述或心照不宣的協定。

忠誠

在親密關係中，忠誠通常指的是伴侶在性方面的忠誠。然而，現今大多數人都認識到情感的不忠也是常見且令人痛苦的事，因此也值得納入忠誠的協定中。忠誠的界線界定了你是否能與主要伴侶之外的人，在性或情感上發生親密關係；以及如果允許的話，你可以與什麼人在何時、何地、以何種方式發生這種事。

溝通

溝通界線指的是你與伴侶分享信息的方式。這包括你們討論重要問題的時間和方式、爭執的方式、是否必須在棘手的對話中暫停一下、是否可以互相謾罵，以及在面對面、透過訊息或電話交談時的談論內容等等。

隱私

隱私界線是關於伴侶之間應該分享什麼、以及可以與外人分享什麼的協定。其中一個重要的隱私界線是如何區分隱私和祕密。

金錢

金錢界線是關於如何使用共同的資產，以及做出財務決策的協定，包括設定財務目標、決定購買什麼東西，以及在購買之前是否需要詢問對方。

時間

時間界線指的是你和伴侶共度多少時間、一起做什麼、何時可以擁有多少個人的時間，以及何時回家。

家務責任

家務界線是關於誰負責執行家庭任務，以及何時完成這些任務的協定，包括照顧孩子、煮飯、支付帳單、報稅、修剪草坪、購買禮物等等。

養育子女

這些是關於如何養育孩子的協定，包括如何做出那些關乎孩子的健康和教育的決定、如何約束孩子和設定規則，以及與孩子分享哪些信息。

性

性界線指的是性活動的內容、時間、地點和頻率。這可能包括同意發生性行爲、性行爲開始後臨時改變主意、實踐更安全的性行爲、接受性傳播疾病的檢測或觀看色情作品的協定。

思考一下你和伴侶之間的協定。哪些協定運作得很順利？

哪些方面因爲你們其中一人或雙方違反了協定而引發衝突（或者可能根本沒有達成任何協定）？

如果你們的關係中存在許多衝突或界線問題，你可能會急於想改變它們。這是可以理解的，但對你和伴侶來說可能會難以承受，所以最好先從解決一個界線問題開始。

在空白底線處寫出你最想解決的問題，並描述你希望與伴侶達成什麼樣的協定。這不是一份要求清單，所以請試著用「我們」一詞來撰寫你期望的協定。

以卡桑德拉爲例，她寫道：「我們每個月會自動轉入五百美元到我們的儲蓄帳戶中，作爲未來的儲蓄。我們會用每週固定的現金額度，支付食品雜貨和加油以外的所有開支。」

你剛才寫的是滿足你的需求的協定。了解自己的需求固然重要，但是你的伴侶可能會有不同的需求。在伴侶關係中，考慮彼此的需求而不是只顧自己是非常重要的。那麼，如果你的需求與伴侶的需求發生衝突，你該怎麼辦呢？

需求的衝突

當你的需求、價值觀或優先順序與伴侶的需求發生衝突時，也會出現界線的問題。閱讀妮娜的故事時，請思考她的需求和價值觀，並與她丈夫的需求和價值觀進行比較。

妮娜和亞瑟已經結婚三十五年了。長久以來，他們一直在爭論他花在打高爾夫球的時間。這些年來，妮娜要求亞瑟花更多的時間陪伴她。她爲他們預訂了週末度假，並試圖找出他們的共同嗜好。但是亞瑟喜歡高爾夫球，不願減少打球的時間。妮娜認爲亞瑟更喜歡高爾夫球和他的朋友們，而不是喜歡她，這令她感到被拒之門外和受傷。亞瑟認爲打高爾夫球的時間非常有價值，他可以運動、走向户外，同時還可以社交。從他的角度來看，他已經花足夠的時間與妻子在一起了。

正如你所看到的，妮娜需要與亞瑟有更多的情感連結及共度優質的時光，但她感到不滿，因爲她沒有得到這些。相比之下，亞瑟不需要與妻子共度那麼多的優質時光來感到快樂和親密，他透過打高爾夫球滿足了其他的需求。必須注意的是，妮娜的需求並不比亞瑟的需求更爲重要。亞瑟不需要或不想花更多時間與妻子在一起，並不代表他就是壞人。問題在於他們無法找到一個能滿足雙方需求的解決方案。

擁有不同需求是很正常的，因此我們無法完全消除這一類的界線問題。當然，期望你總是在伴侶想發生性關係時自己也興致勃勃、或者期望你們兩人都需要相同的獨處時間，都是不切實際的。然而，我們有許多人經常否認自己的需求、願望、目標或價值觀，只爲取悅伴侶和避免衝突。換句話說，我們採取了心理治療師泰瑞斯・里爾（Terrence Real）所謂的「一方地位較低」（one-down）的立場，這是出自於一種自卑感。在《婚姻的新規則》（*The New Rules of Marriage*）一書中，里爾警告說：「如果你不爲自己的需求發聲，你就會開始壓抑它們，並往往覺得自己像是充滿怨恨的受害者。」換言之，與伴侶討論你的需求對大家都好；否認自己的需求反而會使你們的關係充滿怨恨和不滿。總而言之，建立解決界線衝突的能力，而不是迴避它們，才有助於創造令人滿意的關係。

解決伴侶間的界線問題

要解決伴侶間的界線問題，你和伴侶都必須直接表達自己的需求、對彼此的需求和感受都感到關心、適時作出妥協，並接受你的伴侶偶爾會有無法滿足你的需求的情況。

直接表達

「伴侶無法知道你的心思。」這句話你已經聽過上百次了，但有時你是否期望（或至少希望）你的伴侶不用你開口就知道你需要什麼？當然，果真能如此的話，生活便會輕鬆許多。但這是不切實際又毫無用處的想法。

要建立健康的關係界線或協定，你必須充滿尊重地直接提出你的需求，並願意進行合理的妥協。利用第五章的「我」陳述法公式可以幫助你更有自信的表達，而不是用咄咄逼人或充滿指責的語氣，從而讓你的伴侶更容易理解你的感受和需求。

關心伴侶的需求和感受

關係是互惠的。因此如果你們的關係要成功，你就必須溝通彼此的需求、願望和感受，並且對伴侶的需求、願望和感受充滿關心。

當你的需求得不到滿足或你們的關係出現高度的衝突時，要改變這種情況可能並不容易，但畢竟還是可能改變的！如果你對伴侶的需求感到疏遠或不感興趣，可以試著用以下的語句來開始探索及了解他們的需求。這些語句可能感覺有點做作，但它們會逐漸產生正向的感受和開放的溝通。以下是一些例子：

- 你需要（或想要）什麼？
- 我需要（或想要）＿＿＿＿＿＿，可以嗎？
- 我們似乎不太協調。我想了解你想要什麼或需要什麼，這樣我們就可以找到妥協的方式。
- 我在乎你和你的感受。

此外，試著留意你的伴侶是否出現明顯的痛苦跡象，例如哭泣、喊叫、顫抖、來回走動、整日躺在床上、飲酒或孤立自己。不過，靠直覺去了解對方的需求並非你的責任。在大多數情況下，詢問對方需要什麼是沒問題的，但終究來說，尊重地直接表達他們的需求是對方的責任。

詢問對方的需求並不表示你一定要滿足這個需求。可是當你以同理心提出詢問時，它表達了你的關心，並使你能盡力找到可以滿足雙方需求的解決方案。

願意妥協

如果雙方都願意做出一些妥協，大多數的界線衝突便都可獲得解決。我們在第五章已談論過妥協，但此處仍值得更深入地討論。

妥協能以幾種方式進行。假設你因爲加班而晚歸，覺得非常疲憊而需要休息，但你的伴侶的主要需求是跟你在一起共度時光。此時，你們兩人都無法同時完全滿足各自的需求。但如果願意妥協，你們雙方都能獲得自己的部分所需。它可能是你們共度半小時的時光（而不是一小時），然後你就去睡覺；或者你馬上去睡覺，因爲你太累了，並同意在隔天早上陪伴對方。

協商時，要考慮需求是否有時效性、需求的強度如何，以及如果需求被延遲或完全無法滿足時，是否會對某人造成傷害。你甚至可以說：「我現在對睡眠的需求是十分，而你對陪伴的需求有多少分呢？」如果你們雙方都能眞誠地評估彼此的需求強度，這將成爲促進妥協的簡單又有效的工具。

我們來看戴安娜的故事，思考夫妻可以用哪些不同的方式妥協，並同時滿足彼此的需求。

六年前，戴安娜的丈夫在一次公務出差時與某個女人發生婚外情。從那時起，他們接受了治療，他們的關係有了顯著的改善。然而，戴安娜反對她的丈夫在社群媒體上追蹤女性模特兒和性感健身教練的帳號，並禁止他對她們的貼文發表評論及發送私人信息。她的丈夫堅稱他是清白的，並希望戴安娜停止對他的監視。

當我們在想戴安娜和她的丈夫如何達成妥協時，本質上我們問的是：他們如何能滿足彼此的需求？因此，我們首先要用附錄中的「人的普遍需求」清單來確認他們的需求（參見第380頁）。

戴安娜需要什麼？

她的丈夫需要什麼？

戴安娜和她的丈夫有哪些方法能充分滿足彼此的需求，並使雙方都感到滿意？

通常這類問題要達成妥協是非常困難的，因爲我們對忠誠有著強烈的感受，特別是像戴安娜一樣有過被背叛的經歷時。當我們對某件事有著強烈的感受或給予高度重視時，就更難有彈性和妥協的意願。舉例來說，如果你對子女的管教方式有著強烈的看法，而你的伴侶在這方面跟你的看法一致或者不那麼在意，那麼你們之間的衝突就會比較少並且容易解決。但如果你們對管教子女的方式有著強烈的不同看法，那麼妥協就會更加困難。

你對伴侶的哪些界線問題有著強烈的感受或給予高度重視？

你認爲你的伴侶對哪些問題有著強烈的感受或給予高度重視？

覺察你和伴侶的「地雷」，可以幫助你懷著更多的同理心和改變的意願來促進妥協。如果你在妥協方面有困難，以下的問題能夠對你有所幫助。

我爲什麼對這件事有著強烈的感受？有什麼方法能讓我稍微有彈性一點而不放棄重要

的價值觀或需求？

即使雙方對某件事都有著強烈的感受，但如果你們彼此承諾並共同努力解決分歧，大多數的界線問題都可以透過妥協來解決。然而，我們都有一些不容妥協的界線，這些界限有助於保護我們的安全。因此，你和伴侶之間會有一些問題是你們各自不願妥協的。不過，這些問題應該是少數且罕見的。

如果有一個問題是你們無法妥協的，你就必須考慮是否能夠接受現狀。以下的問題能幫助你在陷入僵局時決定下一步的行動：

- 你能接受這是你的伴侶不容妥協的界線嗎？
- 這是你可以自己滿足的需求嗎？

- 接受現狀的「代價」是什麼？
- 你的伴侶不願意或無法妥協的狀況有多頻繁？

妥協是大多數人都可以學會的技能。它需要同理心，以及能夠忍受需求不被滿足或延遲滿足的能力。如果你或你的伴侶同理心不足或無法克制衝動，那麼要達成妥協可能會更加困難。但這並非表示不可能。我鼓勵你問伴侶和自己，是否願意練習並在必要時尋求感情治療師的幫助。

向感情治療師求助

如果你已經在實踐本書中的技巧，但情況沒有改善（或變得更糟），或者你們的關係已經好幾個月一直存在著嚴重的衝突或不滿，那麼現在可能是你向感情治療師尋求協助的時候了。專業的治療師能在安全的環境中，幫助你療癒傷痛和學習新的技能。

對於接受治療感到矛盾是很正常的。治療的過程很辛苦，情緒會非常強烈，而當你們的關係已經岌岌可危時，風險也會很高。此外，我們遇到關係問題時，也很容易想要避免處理它們。但是單靠時間很少能解決這些問題。因此如果你覺得治療可能改善你們的關係，那就跟伴侶談談這個問題。運用你一直在學習的自信溝通技巧、分享你的感受，並說明你希望伴侶參與其中的原因。以下是一個例子。

> 我對我們的關係問題感到沮喪和悲傷已經有一段時間了，情況似乎沒有改善，因此我希望我們去接受婚姻諮商。我認爲與保持中立的專業人士交談會對我們彼此都有幫助。如果你能一起來，這會對我有重大的意義。

如果你的伴侶拒絕，那就考慮自己去接受治療。你仍可以學到許多並獲得必要的支持。

總結

在本章中，我們著重在了解界線如何改善你與伴侶之間的關係，並探討了你可能遇到的那些常見的界線問題。此外，你還鍛鍊了溝通的技巧，包括表現自信、對伴侶的需求保持關心和投入、以及妥協，這些都將幫助你解決界線的衝突。在第九章，我們將繼續建立界線的技巧，但重點將轉向設定與子女之間的界線。

9

親子關係的界線

身爲父母，你是否會覺得自己只是在說「不」？無論你是在照顧幼兒還是青少年，設定限制、說「不」、施予後果是一件非常累人的事。孩子天生好奇，他們追求獨立（通常在他們尚未準備好的時候），並且會試探界線，因此與他們設定界線是個持續的過程。這也是爲什麼我們會用本章的篇幅來討論堅持與子女設定界線的重要性，以及如何更有效地做到這一點，以免讓我們感到心灰意冷和沮喪。

孩子需要界線的理由

正如你從自身的經驗或從閱讀本書所了解的那樣，童年時期耳濡目染和學習的健康界限，有助於我們在成年後建立正常運作的界限。我們與子女設定界線時，我們是在教導他們負責、自信、自我管理，以及其他對於身心健康和成功至關重要的技能。但在深入討論爲什麼孩子需要界線之前，我們先來看看父母與孩子沒有建立適當的界線會發生什麼情況。

奧蘭多是個固執己見的孩子。當他還是蹣跚學步的寶寶時，如果他得不到自己想要的東西，就會哭鬧好幾個小時。他的父母經常感到不知所措，並爲奧蘭多的行爲感到尷尬，因此他們開始屈服於他的要求，在購物時買糖果和玩具給他，好讓他保持安靜。現在，奧蘭多已經九歲了。他經常熬夜，隨心所欲地吃東西，花幾個小時坐在螢幕前。偶爾，他的父母會威脅要拿走他的電腦，但他們從未眞正這樣做。奧蘭多經常沒有精神且情緒多變。他在學校會欺負其他的孩子。由於他過於專橫和自私，所以朋友不多，也不做家庭作業。

艾莉莎的父親三年前突然離開，這對艾莉莎和她的母親在情感上和經濟上造成重大的打擊。現在十五歲的艾莉莎成爲母親的知己，並在母親重新開始生活時給予她情感上的支持。艾莉莎喜歡成爲母親最好的朋友，但是當母親談論她的性生活或說父親的壞話時，她會感到不舒服。有時候她希望能多和朋友在一起。艾莉莎不知道該如何告訴母親自己的感受或需要，因爲她知道媽媽經歷了很多，不想再給她帶來更多的痛苦。

這些故事向我們展示了由於父母未設定適當的界限，所導致的兩種截然不同的結果——奧蘭多是自我中心又不屈服，艾莉莎則是無私且過度順從。我們可以想像，隨著奧蘭多和艾莉莎的成長，這些問題會被放大成什麼樣子。奧蘭多長大很可能會成爲不尊重他人的界限、自以爲是、占人便宜的人。他沒有發展自律或挫折的忍耐力，因爲他從來不必等待或接受限制，因此他容易發怒，並在克制喝酒、飲食、消費和時間方面會有困難。艾莉莎與母親的糾纏關係，可能會成爲她未來與朋友或戀人關係的藍本。她可能會繼續覺得自己有責任照顧別人的需求和感受，同時壓抑自己的需求和感受，並且沒有足夠的自信和安全感來表達自己的需求和願望。

這兩種結果都不是我們希望自己的孩子在現在或未來呈現出來的樣子。因此在本章接下來的部分，我們將討論界線如何幫助我們培養出尊重自己和他人的孩子。

界線維護孩子的安全

首先，界線是維護孩子身心安全的限制或規則。安全是一種基本需求，沒有安全，孩子就很難在情感上和認知上發展、表達他們的感受和想法、建立正向的人際關係，以及學習和設定長期目標。

想一想嬰孩和幼兒。他們需要父母告訴他們或展示給他們看，什麼是安全的和什麼是不安全的，否則他們可能會跑到馬路上或去觸摸滾燙的熱鍋。隨著孩子的成長，他們對於什麼是危險的會有更多的了解，例如他們可能被燙傷而學會不要觸摸熱鍋。

然而，不僅嬰孩和幼兒需要界線，甚至年紀較大的青少年也需要規則和限制來保護他們的安全。前額葉皮質是能進行抽象思考並預測行爲後果的大腦部位，直到青春期晚期或成年初期才會發育完全。我們都知道有一些青少年開車過快、使用藥物或酒精、進行不安全的性行爲、或從事其他冒險的活動（甚至可能包括你自己）。雖然父母不能完全控制青少年所做的一切，但設定規則和後果可以引導青少年做出更好的決定、減少他們的風險，並爲他們未來的成功打下基礎。

界線教導孩子負責任

作爲父母，我們的目標之一是培養能夠自立的成年人。我們希望他們能照顧自己，而不是永遠依賴我們來滿足他們的需求。爲了實現這一點，我們必須教導他們自己應該負的責任。舉例來說，我那十二歲的孩子常常要我替他做午餐。我當然可以毫不費力地替他做，但我希望他可以對自己能做的事情負責，因此我選擇了拒絕他，讓他自己做午餐。

界線也教導孩子哪些事情不是他們的責任。當角色和責任之間沒有界線時，孩子會搞不清楚自己的責任。以艾莉莎爲例，她的母親對待她像同輩一樣，跟她進行不恰當的對話，這使艾莉莎覺得自己必須爲母親的幸福負責。事實上，孩子不應該負責滿足父母的情感需求，例如成爲他們的朋友、給予他們建議或讓他們快樂。界線可以讓孩子知道，他們不必爲這些事情負責。

明確的界線教導孩子，他們必須爲自己的行爲負責，以及他們的行爲會產生的後果。界線還鼓勵孩子提前計畫及管理自己的行爲。例如如果我兒子不自己做午餐，他就會餓肚子；如果他在課堂上回嘴，他就會被留校察看。預期後果並學會自我管理，可教導孩子爲自己做出安全和健康的選擇，而不僅僅是追求當下的快感。

界線教導孩子自信

當你與孩子建立界線時，你是在向他們展示如何表現自信。在第五章，你讀到關於自信溝通的重要性，爲自己發聲如何使你免於受虐待或被利用、幫助你解決問題，以及讓你能在不刻薄和不傷人的情況下表達自己的需求。隨著孩子的成長，他們會有更多時間處在沒有父母保護的世界中。因此，我們必須鼓勵孩子重視自己的需求，並在有人進行不安全、具有傷害性或令人不舒服的行爲時說「不要」或「住手」。

界線教導孩子尊重他人

界線教導孩子接受限制，讓他們明白這世界並不是圍繞著他們旋轉，有時他們也會「碰壁」，而他們必須妥協及考慮他人的需求、意見和信念。界線鼓勵孩子超越自我，嘗試理解他人的感受或需求，這有助於他們培養對他人的同情心和同理心。

思考一下你所閱讀的關於孩子如何從界線中受益的內容。當你與孩子設定界線時，你希望他們能從中學會或獲得什麼？

______

______

______

我們已經知道界線對孩子的重要性，而且你也已經確定你的孩子如何從更好的界線中受益，現在我們來解決一些問題。

與孩子設定界線的訣竅

與孩子設定界線是一項艱鉅的工作，我們可能會在許多方面遇到困難。我從事心理治療已有二十五年的經驗，扮演父母的角色也接近二十年了，我多次親眼目睹父母在設定界線方面犯了以下幾個錯誤：

- 他們對孩子的年齡或發展水平抱有不切實際的期望。
- 他們沒有貫徹執行界線。
- 他們設定過多的規則和不合理的後果。
- 他們情緒失控，反應過度。

在本節中，我們將著重討論如何在這些方面進行調整。

有些人透過本章的建議做小幅度改變，就能看到顯著的改善。但如果你還是爲孩子的問題傷透腦筋，我會建議你尋求專業的指導和支持，比如諮詢孩子的兒科醫生、兒童心理治療師或心理學家。這對你和你的孩子可能是最好的選擇，因爲儘管設定界限是困難的，但它不該經常讓你失眠、帶來壓力相關的健康問題、恐懼或難以控制的憤怒。更多相關的信息，你可以在以下網址的資源頁上找到育兒書籍的推薦清單：http://www.newharbinger.com/47582。

界線必須符合孩子的發展階段

你爲孩子設定的界線必須隨著他們的成長而改變。顯然，你不會對兩歲和十四歲的孩子有著相同的期望和規定，因爲他們各有不同的需求和能力。隨著孩子的成長，他們在身體上能夠爲自己做更多的事，並逐漸學會控制自己的情緒和行爲，他們的思維也會從具體的（他們可以觀察到的事物）擴展到抽象的（能夠想像從未經歷過的事物、做出預測或推論、進行計畫等等）。

父母往往會高估孩子在認知上和情感上的理解能力，因而設定了不切實際的期望和規則。比如說，我告訴兩歲的孩子不要吃我放在她面前的餅乾，結果她吃了之後，我對她實施暫停活動的懲罰，如此，我就是設定了一個不切實際的期望，因爲兩歲的孩子根本沒有這麼多的自我控制能力。我對她進行了不公平的懲罰，因爲我設定的界線對於她目前的發展階段並不實際。

由於重要的是要將孩子的發展階段納入考量，以下是兒童典型的認知和社會情感發展的概述。不過，你的孩子可能以不同的速度發展，並且具有與同齡人不同的優勢和弱點（例如良好的組織能力，或是難以讀懂人們的臉部表情），這些因素都必須在設定界線時納入考量。

零至一歲

出生的第一年，孩子與照顧者建立情感的聯繫。他們學會了微笑和與他人互動，並開始說一些簡單的詞語，以及探索周遭的環境。當父母始終關注著孩子並滿足他們的需求，彼此便發展出信任和安全的依附關係。孩子知道自己的需求會被滿足，這個世界是安全的。大約在七個月大時，孩子會意識到自己與父母是分開的，因此當他們被單獨留下時，他們會感到不安。到了一歲左右，大多數的嬰兒已經會爬行或開始行走。在這個階段，你的焦點應該放在關注他們的需求來與孩子建立安全的依附關係。你設定的任何界線都應該與保護孩子的安全有關。

一歲至兩歲

出生後的第二年，孩子想要更多的獨立性。他們學會了可以做一些事情來引起你的回應。例如寶寶喜歡把湯匙扔到地板上，然後看著你一遍又一遍地撿起來。這對成人來說可能很煩人，但對剛開始學習因果關係的幼兒來說卻很有趣。這個階段的孩子並不是故意要惹惱你，只是因爲他們尚未發展出考慮你的觀點的能力。這個階段的孩子是透過做和觸摸來學習的，所以給予他們安全的探索和實驗的自由非常重要，同時也要繼續保持一致和安全的界線。

兩歲至五歲

大約在兩歲時，孩子學會了拒絕的力量。他們堅決地透過說「不」和測試界線來展示他們的獨立性。他們開始體驗更複雜的情緒，卻不知道如何適當地表達自己的感受或解決問題（這就是這個階段常見的耍脾氣）。他們開始理解簡單的規則和後果，但仍以自我爲中心而無法看到他人的觀點，並且自我控制的能力和耐心也很有限。告訴這個階段的孩子他們正在經歷的情緒名稱是什麼，並將他們引導到適當的活動是非常有幫助的育兒策略。

五歲至十一歲

當孩子開始上學時，他們在遵守基本規則方面會有所進步。他們更能考慮他人的感受和需求，並且願意分享和輪流，而且朋友也變得更加重要。根據心理學家尚．皮亞傑（Jean Piaget）的認知發展理論，七歲到十一歲之間的孩子開始發展邏輯的推理能力，可以考慮問題或情境的多個方面，並且能夠記住及遵循多步驟的指示。然而，他們的思維主要仍然是具體的，並且著重於當下。在這個階段，孩子可以負責簡單的家務，例如刷牙或收拾餐桌，並且他們可以透過做家務來獲得一些特權。不過要他們完成不喜歡的任務，仍然需要別人的提醒、責任分配（例如使用家務分配表）或獎勵。

十二歲至十八歲

在青春期，孩子致力於發展自己的身分，並從父母那裡獨立出來。他們探索自己的價值觀、信念和興趣，並做出更獨立的決定。他們發展出抽象思維的能力，這意味著他們能解決更複雜的問題、理解因果關係，以及更完善地進行計畫和組織。然而，這是一個緩慢的過程，青少年經常無法準確地思考他們的行爲後果。此外，他們也受到同儕極大的影響，而想要被同儕接受的強烈需求，可能導致他們做出冒險的行爲。青春期的賀爾蒙變化導致情緒的波動，他們仍然很難理解及調節自己的強烈情緒是很正常的。在設定界線方面，我們的目標不是控制，而是引導青少年爲自己的決定負責。父母必須在限制以及給予青少年犯錯並從中學習的自由之間取得平衡。

根據你剛才所讀的內容，你認爲你的孩子在現階段的發展過程中，能夠做什麼或無法做什麼？

以你的孩子現階段的發展爲依據，你覺得你有什麼規則或期望是不切實際的？如果有，是哪些呢？你如何使它們更符合孩子現階段的發展？

你對孩子的發展或能力有任何問題嗎？請寫下你想進一步研究或與專業人士討論的問題。

保持一致性

無論年齡多大，孩子都需要清晰且一致的界線，他們必須知道如果不尊重這些界線會發生什麼事。想像一下，當你開始從事新工作卻沒有得到任何的指示，你不知道自己該做什麼或什麼時候做。有時候你因爲早上九點準時上班而受到表揚，有時候被忽視，有時候被訓斥。這聽起來很混亂又令人沮喪，對吧？而這正是我們的孩子在我們毫無預警地改變規則、或者根據我們的心情或體力狀態選擇性地執行規則時的感受。

同時，我們也不該期望自己完美無瑕。我們偶爾都會有不一致的時候，但我們可以更常致力於清晰的溝通，以及忠於自己的承諾。首先，我們來評估你在界線一致性方面的情況；接著，你便可以決定自己能採取哪些步驟來保持一致性。

什麼因素阻礙了你保持一致性？使用1到10的評分來評估每個選項。

- ＿＿＿疲倦或不堪負荷
- ＿＿＿與伴侶（或是孩子的父親或母親）在規則和後果方面有分歧
- ＿＿＿憤怒
- ＿＿＿內疚
- ＿＿＿恐懼
- ＿＿＿希望孩子喜歡我
- ＿＿＿不曉得什麼是適當的界線和後果
- ＿＿＿其他：＿＿＿＿＿＿＿＿

對於你評分爲5或更高的項目，有什麼方法可以幫助你克服這些障礙嗎？例如，如果你的障礙是憤怒，你是否可以透過參加憤怒管理課程、更多的睡眠或靜心來消除這個障礙呢？如果你覺得自己遇到了阻礙，請試著找出造成這些障礙的原因。

你可以採取哪些具體的行動來克服這些障礙，並且更加一致呢？例如，如果你覺得參加憤怒管理課程會有幫助，那麼你可以開始尋找相關的課程資訊，然後選一個合適的課程報名參加，並且去上課及練習所學的技巧。

1.

2.

3.

4.

5.

通常而言，一致性的障礙是很複雜的，你可能無法馬上克服它們。但制定行動計畫（即使只有採取小小的步驟），也可以建立積極的動力並讓你充滿希望。

保持簡單

給孩子設定的界線必須容易理解。我們往往會爲每一種可能的情況制定一項規則，但這通常會造成孩子的困惑，對父母來說也很難執行。過多的規則可能導致權力鬥爭，你會耗費太多的時間和精力來執行那些並不重要的界線。權力鬥爭還可能會損害你與孩子的關係，因而讓每個人都感到沮喪和疲累。

對孩子來說，最重要的界線是那些能夠保護他們身心安全的界線。對年幼的孩子而言，它可能是「別爬上書架」，而不是「你必須吃三口花椰菜」。爲了保持簡單，你必須把焦點放在那些反映你的價值觀或你認爲最重要的界線上，無論它是關於孩子的教育、禮節、品格還是健康。

如果你有伴侶，我鼓勵你們共同合作來確定孩子的界線，以及哪些界線是必須優先考慮的。

你會優先爲孩子設定哪些安全相關的界線？試著將這份清單控制在三至六個界線（年幼的孩子界線會少一點，青少年的界線則會多一些）。

你會優先為孩子設定哪些基於價值觀的界線？試著將這份清單控制在二至三個界線。

此外，別忘了，有策略地選擇接受一些小小的界線侵犯（不包括你剛才列出的界線），並不等同於不一致，而是優先順序的不同。

採用合理的後果

合理的後果是指一、與被違反的規則直接相關；二、旨在教導孩子如何改善他們的行為，而不是羞辱他們或使他們痛苦。合理的後果通常很有效，因為它們對孩子來說是合理的。例如，如果你的孩子朝她的姊姊扔玩具，一個合理的後果就是拿走玩具。有時候，不良的行為本身就產生了合理的後果，比如玩具扔壞了，她就無法玩了——你只需要讓孩子體驗她的行為帶來的後果。相比之下，拿走她的甜點這樣的後果就不太有效，因為它與扔玩具無關。

爲了幫助你實踐合理的後果，請列舉一些你的孩子經常會有的界線問題及其合理的後果，並確保它們符合上述的兩個標準。

界線問題	合理的後果
例：當你告訴兒子關掉他的電子遊戲時，他對你大吼大叫。	明天不准他玩電子遊戲。

保持冷靜

有時候，強烈的情緒會妨礙我們設定界線。你可能會反應過度，制定不必要的嚴格規定和後果（例如威脅永遠拿走孩子的手機），或者你可能感到不堪壓力和心灰意冷而完全放棄執行界線。雖然我認爲所有的父母（包括我自己）都曾做過這些事情，但它們是事與願違的。身爲父母，我們必須努力保持冷靜、富有同情心、投入及鎮定，並且應該努力樹立有效溝通技巧的榜樣（參見第五章）。

大多數家庭都有一些反覆發生的「界線戰爭」，或諸如上床睡覺、吃早餐、在宵禁之前回家之類的經常性衝突。如果能事先預料那些可能造成壓力的狀況，我們便可以提前做好應對措施，以避免壓力達到失控的程度。

你們家的界線戰爭是什麼？它們發生在什麼時候？有哪些人捲入其中？

消除界限戰爭需要時間並進行實驗，但你可以先從確認一些做法開始著手，使特定情況對你和你的孩子來說更容易應對。這些做法可能包括改變時間的安排、牽涉的人、溝通期望的方式等等。例如你可以在孩子太累之前，提早開始睡前的例行公事；你也可以詢問學齡的小孩，有什麼方法能使他們遵守在這些界限時不會有那麼大的壓力。

設定界線時，你可以做什麼來減輕壓力？

另一種積極管理壓力的方法是，將定期照顧自己納入你的日常安排中。以下哪些照顧自己的活動能讓你感覺良好呢？

- 運動
- 規律、合理、健康的飲食
- 充足的睡眠
- 社交和享受樂趣
- 性
- 放鬆或休息時間
- 醫療保健（例如預約看醫生）
- 創意的活動
- 確認、接受、處理你的感受
- 獨處的時間
- 其他想法：＿＿＿＿
- ＿＿＿＿
- ＿＿＿＿

請選擇兩個照顧自己的活動來作爲優先考慮的事。說出你將在何時、以何種方式讓它們成爲更重要的事？例如：我會在午餐時間散步。

別忘了，照顧自己並不是非此即彼的，每一件小事都會有幫助，因此別因爲想要一次做到位而增加自己的壓力。請合理地做自己能夠做的事，並在未來幾週內嘗試多增加一點照顧自己的事情。

除了預防性的壓力管理，我們還需要在面臨巨大壓力時，使自己冷靜下來、回歸平靜的策略。

複習第五章中的自我安撫策略，並寫下在孩子考驗你的耐性時可以派得上用場的想法。

管理壓力是一種持續的過程，有時感覺好像必須付出很大的努力。然而，即使只多花一點點時間給自己，並準備好一些使自己冷靜下來的策略，都可以幫助你減少反應過度，以及用考慮更周全、更有建設性的方式來回應你的孩子。

總結

你已走在與孩子建立更好的界線的道路上了！我知道你會堅持下去，因爲你知道界線對他們現在及未來的成功和幸福至關重要。盡你最大的努力設定符合孩子發展階段的界線，它們必須是一致、簡單又合理的。當你遇到困難或挫折時，要勇於尋求幫助。同時，在你犯錯時也要對自己寬容，因爲這是與孩子建立界線的過程中的一部分。接下來，你將學習與親戚朋友建立界線的技巧。

10

親友關係的界線

親友在許多方面豐富了我們的生活。朋友和家人給予我們情感上和實際上的支持、為我們提供生活樂趣的機會，並與我們的過去產生有意義的聯繫。然而，這些關係有時候可能充滿緊張和衝突、令人痛苦的誤解和破碎的承諾。在本章中，我們將探討親友之間常見的界限問題，並找出解決這些問題的策略。

親友間常見的界線問題

親友關係經常伴隨著對互動方式的期望，包括共度的時間、慶祝節日和特殊場合的方式、教養子女的方法、金錢的處理方式及隱私的維護。在本節中，我們將介紹這些期望所引起的常見界線問題，然後反思你在這些方面遇到的界線困擾。

共度的時間

你希望與親友共度（親自見面或虛擬互動）多少時間？他們是否有相同的期望？這些是我們在設定共度的時間界線時必須回答的基本問題。如果我們不這樣做，就會遇到像安東尼和妮莎一樣的問題。

安東尼的父母希望每個假日都與他一起度過。在他單身時這是可以接受的，但現在，他在自己的父母和男友的家人之間輪流度過假日，而他的父母會對他施加一種內疚感。

妮莎感到受傷，因爲她的好友沒打電話給她或安排見面。

設定與家人和朋友共度的時間界線可能會有一些困難。隨著生活的變化（結婚、生子、搬家、換工作或健康問題），我們過去與家人和朋友共度時間的「協定」可能已不再適用。你可能會發現自己處於跟安東尼一樣的處境，先前的協定已無法滿足你的需求；又或者，你的需求與他們的需求之間存在著重大的差距，就像妮莎的情況一樣。也許她的朋友並沒有像她一樣，希望花那麼多的時間在一起。

共度的時間衝突經常發生在假日和其他的慶祝節日，因爲我們往往對這些時刻的家庭團聚懷著更高的期望。

假日和特殊場合

從事心理治療這麼多年來，我不斷地聽到有人說，他們與親戚之間最令人受傷和最嚴重的界線衝突，通常都發生在節日和特殊場合。因此如果你也有這樣的經歷，你並不是唯一的！

假日和特殊場合（例如婚禮、喪禮和彌月之喜）通常是高度情緒化、有時只會發生一次的事件，這使得它們更容易發生界線的衝突。我們對於這些事件往往抱有很高的（可能是不切實際的）期望。例如你可能夢想著完美的婚禮，或是奶奶的生日派對上每個人都和睦相處。當我們對事物的處理方式或事情應該怎樣有著固執的想法時，我們就很可能會跟家人或朋友發生衝突，因爲他們對這些事件可能有不同的看法或打算。這就是夏依拉的情況。

夏依拉正在以有限的預算籌備她的婚禮，她通知她的母親和未來的婆婆，賓客名單僅限於五十人。在她們都同意賓客名單並發出喜帖後，夏依拉未來的婆婆卻說她因沒有邀請到某些朋友而感到不妥，於是又自行另外邀請了三位朋友和他們的配偶。夏依拉對她未來的婆婆的自作主張感到憤怒。她自己的母親已經把一些一輩子的朋友從賓客名單上刪除了，而她未來的婆婆卻在未徵詢她的情況下擅自這樣做，而且也沒提供任何財務上的支持。

你有過類似的經歷嗎？夏依拉的反應當然是可以理解的。一般來說，在別人的派對上擅自邀請其他客人是很不得體的行爲。尤其如果是你的婚禮，這種界線的侵犯會造成更大的損害，因爲婚禮是如此特別的一件事。

養育子女

如果你有孩子，很可能你會覺得你的家人或朋友在養育孩子方面多管閒事了。以下是一些例子：

- 給你不需要的育兒建議。
- 忽視你對於看顧孩子的指示。
- 用你不贊同的方式管教你的孩子。
- 給孩子禮物、帶他們出去，或是讓他們與你要求他們別讓孩子接觸的人在一起。
- 告訴孩子要對你保密。
- 不理會你對孩子的擔憂。
- 堅持他們比你更懂得如何養育孩子。

同樣的，這類的界線問題也經常出現，因爲人們往往對於養育孩子的方式有著強烈的看法和期望。而身爲父母，總是希望保護孩子免於任何可能的傷害。

金錢

金錢的處理方式可能會引起強烈的情緒，並且很難在家人和朋友面前公開討論，尤其是大家的收入或財富存在著較大的差距時。金錢的界線也是一件不容易的事，因爲它們並非只是關於我們保護自己的財務健康的權利和責任而已。事實上，金錢也可以成爲表達其他需求和感受的工具，如同你將在德肖恩的故事中看到的那樣。

德肖恩覺得自己被占便宜了。他的朋友路易斯在他們一起外出用餐或公路旅行時，從來不會主動付錢。這不僅僅是錢的問題，因爲德肖恩有足夠的財力幫路易斯支付餐費和旅費。問題在於他覺得自己沒有得到尊重和感激，因爲路易斯期望德肖恩幫他付錢，卻從不開口請求或表示感謝，彷彿這一切是理所當然的。

和許多事情一樣，我們對於金錢的看法和感受可能源自於童年的經歷。例如有些家庭會用金錢來表達愛意，有些家庭則會用金錢來控制人。而你收到哪些關於金錢的訊息呢？

思考以下的問題，並利用空白底線反思你的答案：

- 你從父母或家人那裡學到哪些關於消費和儲蓄方面的事？
- 對你來說，金錢是舒適和安全感的來源，還是衝突和不安的來源？
- 你的家人如何看待那些經濟上有困難的人？
- 他們如何看待那些擁有許多財富資源的人？
- 關於幫助有需要的人，你學到了哪些事？
- 關於尋求經濟上的幫忙，你學到了哪些事？

______

______

______

對自己的金錢信念有更多的覺察，能幫助你更加了解自己在設定或接受財務方面的界線時會有困難的原因。

隱私

隱私在我們和他人之間建立了一個身體或情感的空間，使我們能保有自己的個體性，並只分享感覺自在或安全的事情。朋友或家人可能會侵犯你的隱私，例如問一些窺探性的問題、翻看你的藥櫃，或是在沒有得到你的同意下在社群媒體發布令人尷尬的照片。對於隱私的需求，不同的人之間可能會有很大的差異。如果你的隱私需求與家人或朋友的有明顯差異，那麼你可能會遇到這方面的界線問題。

你與家人和朋友之間的界線問題

你已經讀到一些人們與家人和朋友之間最常遇到的界線問題。現在用幾分鐘的時間回想一下，你曾遇過的界線衝突或期望不一致的情況。

描述一個你與家人或朋友之間無法解決的界線衝突。

你爲了解決這個問題做了哪些努力？

即使你沒有完全成功，也要爲自己的努力而肯定自己。你與家人和朋友之間的界線問題可能很難解決，因爲它涉及到彼此的情感和期望。然而，知道哪些方式是無效的可以成爲非常有價值的信息，使你更接近解決的方案。

解決你與親友間界線問題的訣竅

你已經確定了你與家人和朋友之間存在著哪些界線問題，現在你可以應用你從本書中學到的那些技巧了。第四章中「設定界線的四個步驟」將幫助你確認自己有哪些未被滿足的需求、思考你的選擇、制定計畫和實施計畫，以及微調你的界限。然而，親友的界限具有某些獨特的挑戰，因此我想另外強調一些可能對你有所幫助的策略和考量。

尊重差異

在不同的家庭和文化之間，界線規範有著很大的差異，並且親戚和朋友的圈子也變得越來越多樣性。你的家人和朋友可能有不同的宗教信仰、政治觀點、性取向、性別認同、身體的能力、文化習俗等等，這些差異豐富了我們的生活，但如果我們不努力去理解他人的信仰、經歷和需求，也可能導致誤解和界線衝突。

我們往往對他人抱持著最壞的假設、評斷他們的行爲，並且在沒有聆聽他們的觀點及考慮其他選擇的情況下，將我們的信念強加在他們身上。當我們不理解某人的觀點或文化時，如果他們侵犯我們的界線，我們會更容易感到受傷和憤怒，同時我們也更容易在無意間侵犯他們的界線。

有時，你與某人有不同的背景或文化是顯而易見的；不過也並非總是如此。你家的規範和傳統可能與親友的不同，因此如果你與親友發生界線的衝突，你可以用以下的問題來更加理解彼此及找到解決之道。

描述你與某個家人或朋友之間的界線難題。你們之間的哪些差異，可能造成了你們的界線和期望的衝突或誤解？

你認爲自己是怎樣導致這個衝突或誤解的？如果你不確定，你是否願意詢問對方？

你如何獲取更多的信息來幫助你了解對方的信念、經歷和需求？

你如何提升自己的溝通技巧，以便更好地理解及解決彼此之間的差異？（需要幫助的話，請參考第五章的內容。）

你如何表現出自己願意接受並且有興趣一起學習和努力，以解決這個界限衝突？

覺察到自己對他人的文化缺乏敏感度、妄作假設或未盡力去理解別人不同的觀點，這可能會令我們感到難過。如果你遇到這種情況，請試著練習自我寬恕，因爲另一種選擇——羞愧和內疚——並不能幫助我們建立連結、學習和妥協。

當我犯錯時，我是透過重複以下的自我寬恕正向眞言來獲得寬慰：

「我寬恕自己的錯誤和不足。我不會批評自己和嚴厲對待自己，因爲這樣做對誰都沒有好處。相反的，我會把自己的能量用在以愛和尊重來對待自己和他人。我要致力於學習和成長，以便更好地理解他人。」

利用以下的空白底線修改這個正向眞言，或是創作自己的正向眞言。

內疚感可能會對設定界線造成額外的障礙，所以下一部分我們將更深入地討論如何處理這些感受。

釋放內疚感

內疚感（覺得自己做錯事的感覺）可能成為設定界線的一大障礙。與任何人設定界線時，我們都可能感到內疚；但在與我們的原生家庭設定界線時，這種內疚感會更容易產生，因為我們通常都有固定的家庭角色（例如照顧者或和事佬），而無論我們的年紀多大，這些角色都不會改變。我們對於自己與家人的關係通常有著固定的觀念，包括我們應該多久見他們一次、我們應該如何對待他們，以及他們應該如何對待我們。當我們無法達到這些角色和期望時，我們會感到內疚，認為自己好像做錯了什麼，因為我們想要有與他們分開的時間、擁有不同的價值觀，或者無法回應他們的每一個求助。

內疚感有其目的。真的做錯事時，感覺不好是合理的。適度的內疚感也可以激勵你做得更好。可是如果你對自己有不切實際的期望，或者他人對你施加了不可實現的高標準，那麼即使你沒有做錯任何事，你也會感到內疚。若是這種情況，內疚感就是一種阻礙，而不是幫助。它削弱了你的自尊心，使你難以表達自己的需求。如果你在嘗試設定界線時會感到內疚，那麼我們就來剖析這個體驗，看看是什麼期望或信念造成這些感受。

想一個容易引起你的內疚感的界線問題或人物。這個使你產生內疚感的情境或角色（父母、子女）對你有什麼期待？

利用下面的表格，評估你和你的家人對這些信念或期望的重視程度。你可以將「家人」這個詞替換爲明確的某個家人（例如父親或奶奶）來使這個練習更加個人化。你也可以在以下網址下載這個練習的友人關係版：http://www.newharbinger.com/47582。

信念或期望	你有多相信它？（1-10）	你的家人有多相信它？（1-10）
當家人需要幫助時，我應該立刻放下手邊的事情		
我應該友善且避免與家人發生衝突		
血濃於水		
孩子應該尊敬父母或長輩		
就算家人傷害我的感情或虐待我，我也不該大驚小怪		
我必須犧牲自己的目標來滿足我的家人		
對家人設定界線是自私或錯誤的		
我虧欠家人一切		
我不應該對家人生氣		
一個好的＿＿＿＿（兒子、母親等等）應該無怨無悔地照顧家人		
照顧整個大家庭是我的責任		

我應該把整個大家庭的需求置於我之上		
將某個家人排除在我的生活之外是不對的		
我應該盡一切所能讓家人快樂		
我是個壞 ＿＿＿＿＿（女兒、父親等等），因為 ＿＿＿＿＿＿＿＿＿＿		

注意那些你評分爲5或更高的信念或期望。你可以把它們圈選出來，然後選擇一個來練習釋放内疚感，並把它寫在空白底線處。

例：我應該在母親需要幫助時放下一切。

＿＿＿＿＿＿＿＿＿＿＿＿＿＿＿＿＿＿＿＿

＿＿＿＿＿＿＿＿＿＿＿＿＿＿＿＿＿＿＿＿

＊訣竅：不切實際的期望通常會包含以下的詞語：必須、應該、總是、從不、每個人、沒有人。

克服內疚感的下一步是，透過判斷其是否切實可行和合理，來質疑其背後的信念或期望。你可以利用第三章的質疑恐懼的相同技巧來挑戰它們（參見第74頁）。

以下的問題能幫助你質疑那些引起內疚感的信念或期望：

這個信念或期望源自哪裡？

這是你自己的信念或期望，還是別人的？

這個信念或期望是否有幫助？

這個信念或期望是否能讓你照顧自己？

你是否會對他人採取同樣的標準？

這些絕對的概念（總是、從不）是否有例外？

誰有權決定你必須或應該做什麼？

這個期望或信念是否符合你的價值觀？

思考一下你對上述這些問題的回答。你覺得這個信念或期望是否切合實際？對你來說是否合理？

例：我母親期望我隨時待命，但這是不切實際的，因爲我有自己的需求和承諾，我也不會期望任何人能隨時爲我待命。

現在，將這個信念或期望重寫，讓它更符合現實及支持你的需求。

例：我可以在週末實際地幫忙母親處理她的一些需求。我相信在她的需求和我的需求之間取得平衡是很重要的。即使有時候我會拒絕她，但我仍是一個好女兒。

當你對自己的信念和期望感到自信時，你就不太容易受到內疚感的影響。不過，有些人可能還是會說你是錯的，因爲對他們來說，這一直是他們取得他們想要的東西的有效方式。

爲了應對這些挑戰，寫一個肯定句或提醒語來幫助你堅持自己的新信念。你可以用以下的提示來幫助你：

我有權利＿＿＿＿

我相信＿＿＿＿

我無法一直取悅他人，而這是可以接受的，因爲＿＿＿＿

改變長期以來的信念和期望需要練習和決心，但你的內疚感會越來越薄弱，而這將使你更容易設定自己需要的界線。

尋求幫助

得到願意支持你的人的幫助，可以使你在與家人和朋友設定界線時更加輕鬆。有時尋求幫助很簡單，有時則需要更多的努力。例如，你可能有一位無論你做什麼都會支持你的知己；又或者，你的伴侶可能爲了避免衝突而不願意介入。

如何尋求他人的幫助呢？首先，了解你需要什麼樣的幫助是很重要的。如果你請你的兄弟在你與母親設定界線時支持你，他可能對於「支持你」的定義與你的有所不同。如果你們雙方都沒有意識到這種差異，你們最後都會感到沮喪和失望。再者，當你尋求特定的幫助並且能確定誰最適合提供時，你就更有可能得到你需要的幫助。因此，了解自己需要什麼可以幫助你找出應該向誰求助。以下是一些如何具體地表達你所需要的幫助的例子：

- 我需要有人幫助我練習或角色扮演設定界線的情境。

- 在試著設定界線時，我需要微笑、點頭或把手放在我肩膀上之類的鼓勵。
- 對設定界線感到沮喪時，我需要給某人打電話或發訊息。
- 我需要支持我的某個人出現在現場，以作爲支持我的一種表達。
- 我需要能設定並執行跟我有相同界限的合作夥伴，這樣界限侵犯者就無法繞過我來進行侵犯（例如，我需要丈夫告訴他的姊姊別在我們的屋子裡抽菸，即使我不在家也不允許。）。

現在，抽出幾分鐘的時間來練習尋求幫助。

找出你與某個親戚或朋友之間存在的界線問題。

你需要哪種幫助？（請具體說明。）

誰是最適合幫助你的人？理由是什麼？

與生活中的任何人設定界線，尋求幫助都是很好用的工具，而不僅限於親友。然而，通常在這些親密的個人關係中，我們會需要或期望對方的協助。對於我們的伴侶來說，這一點尤爲眞實。以下是尋求伴侶幫助的一些具體方法。

與你的伴侶合作

對許多夫妻來說，與親戚設定界線是主要的衝突來源。你的伴侶可能不想涉入其中，或者可能積極地破壞你設定界線的努力。無論哪種情況，少了伴侶的合作和支持，就很難與親戚設定界線和執行界線。然而，當你考慮到彼此的需求、願意妥協、對彼此都有同理心時，你就可以設定對你們彼此都行得通的界線。

與親戚設定界線的一個難處是，你們每個人都與自己的家人有不同的關係，因此需求也就有所不同。人們通常對自己的家人會感到更親近和關係緊密。例如，你可能無法容忍婆婆的侮辱，但你的丈夫對她的行爲則無動於衷。你希望丈夫要求她別再這樣或支持你設定的界線，但他喜歡母親的陪伴，並不明白你爲何如此生氣。要在這樣的界線問題上合作是很複雜的，因爲你同時必須處理你對婆婆的需求和你對伴侶的需求。爲了解決這兩方面的需求，你可以將第六章和第八章的策略加以改造來表達你的需求和感受，同時朝妥協的方向努力。

描述一個你與某個家人的界線問題，而你希望你的伴侶能夠支持你。

你需要從你的親戚那裡獲得什麼？請確保你是聚焦在未被滿足的需求，而不是你希望從你的家人那裡得到的行爲改變。

例：我需要岳母對我的尊重。

你需要從你的伴侶那裡獲得什麼？

例：我需要得到丈夫的愛和重視。

試著用「我」陳述法來向你的伴侶表達你的感受和需求。

例：當你的母親侮辱我時，我感到很受傷。我希望你能要求她別再這樣。如果她還是不改的話，就施予相應的後果。你願意幫助我做這件事嗎？

當＿＿＿＿＿＿＿＿時，我感到＿＿＿＿＿＿＿＿。

我希望＿＿＿＿＿＿＿＿＿＿＿＿＿＿＿＿。

你願意幫助我做這件事嗎？

如果你的伴侶同意，你就有機會協商後續的幫忙方式和時間等等。這種經歷最痛苦的部分，通常就是沒有得到伴侶的支持。因此，再次使用「我」陳述法來向伴侶傳達這一點是很好的方式。

例：當你的母親侮辱我時，我感到很受傷。我覺得比起我的感受，你更在乎她的感受。我希望你能認可我的感受並爲我辯護。你願意這樣做嗎？

當＿＿＿＿＿＿＿＿時，我感到＿＿＿＿＿＿＿＿。

我希望＿＿＿＿＿＿＿＿＿＿＿＿＿＿＿＿。

你願意這樣做嗎？

表達你的感受可以幫助伴侶對你的經歷產生共鳴。訴說你的需求並關心伴侶的需求，將有助於達成有意義的妥協，從而使雙方都感到被支持和理解。

總結

在本章中，我們探討了我們與親友之間常見的界線難題，以及如何尊重差異、釋放那障礙我們的界線的內疚感，還有尋求幫助的方法。現在，你將學習如何與生活中那些最難搞的人建立界線的技巧。

11

應付難搞的人

你的生活中是否有某個人一直在挑戰你的界線，並且不尊重你？這種經歷往往令人無語、灰心又憤慨，你可能會對這些人大發雷霆或提出要求，或者你可能已經放棄與他們設定界線，因爲你已感到無望或恐懼。然而，你並不是沒有力量。在本章中，你將了解認出難搞的人的重要性，以及與他們設定界線的方法。

認出難搞的人

有時候，即使我們一切都做對了，諸如使用自信的溝通技巧、清楚表達我們的需求、提出請求而非要求，我們仍然無法與某些人設定有效的界線。當這種情況出現，你可能遇到了我所謂的「難搞的人」。

儘管沒有正式的標準，但難搞的人通常有以下的特徵：

- 表現得自以爲是，認爲規則不適用於他們。
- 操縱他人來獲得他們想要的。
- 反覆侵犯界線。

- 不考慮他人的感受或需求。
- 將責任推給他人，不對自己的行爲負責。
- 提出不合理的要求。
- 拒絕妥協。
- 總是要證明自己是對的。
- 不如己意時，就大聲喊叫、咒罵、批評和辱罵。
- 喜怒無常、不可預測或動粗。
- 經常撒謊。
- 採取消極抵抗的行爲（如沉默以對、假裝遺忘或明褒暗貶）。
- 說八卦或背地裡講人壞話。
- 扮演受害者的角色。
- 煽動（一種使你懷疑自己對現實的感知的操縱手法）。
- 破壞你與配偶、子女或其他人的關係。
- 蔑視你的價值觀、信仰和選擇。

- 缺乏對你和你的生活的眞正關心或興趣。
- 期望你幫助他們卻不有所回報。
- 很少道歉，即使道歉也是膚淺、被迫或虛僞的。
- 可能有戒不掉的癮頭或其他問題，但不願意改變。

以下的例子展示了應付難搞的人的樣貌。

阿米爾的父親不論到哪裡幾乎都帶著他的狗巴斯特。雖然幾年前巴斯特咬了阿米爾一口，但他從未反對父親把巴斯特帶到他家。不過，現在阿米爾有了新生的寶寶，他不希望周遭出現有攻擊性的狗。因此，他禮貌又冷靜地告訴父親，來他家時不能再帶巴斯特來。阿米爾認爲這是合乎情理的界線，但他的父親生氣地回應道：「你沒資格叫我做什麼，阿米爾！」他的父親靠近他的臉，大聲喊道：「我是你爸爸，你得聽我的！我才不管你要怎樣！你這個愛哭鬼！」他父親的咆哮持續了整整五分鐘。接著，他坐在阿米爾的沙發上擱起雙腿，好像什麼事都沒發生過一樣。

每週五晚上，魯絲的丈夫奈吉爾會帶兩箱啤酒和一瓶威士忌回家。整個週末他都待在地下室，喝酒、看色情影片和玩電子遊戲。魯絲已經求他別再這樣，並給予最後通牒和訓斥，甚至把他的酒藏起來。但奈吉爾堅稱自己沒問題，不想討論這件事。魯絲最後只能在週末照顧奈吉爾與前妻生的兒子，以及清理啤酒罐、吃一半的食物和菸屁股。

難搞的人會讓我們的生活變得痛苦。他們通常試圖說服我們，讓我們相信我們的界線是不合理的，或我們是刻薄、不公平或不理性的。然而，有人不尊重我們的界線，並不代表我們的要求太多或不應該設定界線。別人無法或不願尊重我們的界線，通常反映出他們在自我管理或同理心方面有困難，而不是我們的需求或界線是錯誤的。

如果你懷疑生活中有某個人是難搞的人，請反思你與他們的經歷，並回答以下的問題：

這個人對你的界線做出什麼樣的回應？他們的行爲是否使你不願意設定界線？

______

______

______

通常來說，難搞的人的行爲會使他們很容易被辨認出來，就像奈吉爾和阿米爾的父親一樣。但有些難搞的人相當有魅力（至少有時候是這樣），他們善於說服我們，讓我們相信他們的行爲是正常的，或者他們會改變。然而，如果你留意自己的想法、情緒和身體的感受，通常它們會在你面對難搞的人時提醒你。例如，你可能會想「我討厭和伊萊在一起」，或「我最好在母親到來之前清理一下，免得她說我是懶散的人」。你可能會感到焦慮、生氣、疲憊或沮喪；你可能會發現自己的心跳加速、手抖、頭痛加劇或無法入眠。

覺察你的身心對難搞的人做出什麼樣的反應是有幫助的，如此一來，你便可以採取措施來照顧自己和保護自己。

在回答以下的問題前，你可能必須注意自己的想法、情緒和身體的感受數天或數週，然後記錄你的答案。

當你與這個人互動或預期要與這個人互動時，你有什麼想法？

你感覺如何？

你的身體有什麼反應？

這個人對你有哪些其他的負面影響？

即使你不確定生活中的某個人是否眞的是難搞的人，閱讀並完成本章的其他練習將使你更清楚地了解情況，並獲得更多有用的界限設定技巧。

與難搞的人設定界線的訣竅

應付難搞的人時，我們在設定界線方面必須採取與大多數人不同的方法。嘗試妥協或分享我們的感受等策略是行不通的。相反的，我們必須把焦點放在確保安全、避免權力鬥爭，以及知道我們能控制什麼；否則的話，我們會陷入無效的對話中，最終演變爲爭論、指責、最後通牒或甚至更糟糕的情況。

安全第一

在決定如何應付難搞的人時，安全必須是你的首要考量。千萬別低估難搞的人可能造成的傷害。

雖然沒有人能絕對預測另一個人的行爲，但過去的行爲通常是未來行爲的強大指標。重要的是，別輕忽這個人曾經做過的危險行爲，或他們曾經對你或其他人造成傷害的做法。

如果放心的話，可以記下這個人的危險或有害的行爲。邊寫邊看著它們，有助於你克服拒絕接受現實的心態。或者如果你覺得不安全，你可以把它們寫在更安全的地方或默記在心中。

認識到某位朋友或親人造成的傷害可能令人非常痛苦，所以請對自己溫柔一點，用你覺得合適的步調來繼續本章節。

爲了使安全成爲你（也包括你的孩子，若你已爲人父母）的首要考量，請考慮一些積極的安全措施，例如以下的安全提示：

- 你不必向難搞的人解釋或證明你的界線，這樣做可能會使情況變得更糟糕。難搞的人會挑剔你的理由，並用它們來批評及否定你的需求。倘若告訴他們界線或後果可能會激怒他們並使你陷入危險，那麼就採取行動來保護自己而不需要做任何解釋，包括離開現場、報警或搬家。

- 若對方曾對你或他人暴力相向、咄咄逼人或做出威脅的舉動，請選擇在公共場合或有其他成年人在場的地方，來進行那些可能引起不快的對話。
- 若你覺得見面溝通是不安全的，可以改用簡訊、電子郵件或電話。
- 若對方曾對你或他人暴力相向、咄咄逼人或做出威脅的舉動，可以考慮申請保護令。
- 制定安全計畫，內容包括確定你可以安全前往的地方、支持你的人和社區資源（例如庇護所和危機熱線）的電話號碼、現金和身分證。你還可以在以下網址的資源頁上找到處理家庭暴力和危機的資源清單：http://www.newharbinger.com/47582。❶

你可以採取哪些步驟來保護自己免於受到傷害？

編註❶：在台灣可打110，即時性最高，或撥打24小時家暴專線113通報。

制定安全計畫或申請保護令的情況誰都不樂見，希望你也不會遇到這樣的情況，但能事先做好準備總是比較好的。你可能還不習慣將這種事擺在第一位，並且可能很難做到這一點。但只要逐步做出一些小改變，你就一定會成功，而將安全放在首位則是邁向成功的第一步。

避免權力鬥爭

難搞的人想掌控一切。他們經常爭論及製造衝突來避免被問責，並分散我們設定界線和執行界線的注意力。由於難搞的人非常擅長於衝突，因此我們必須避免與他們進行權力鬥爭。

與不願理解你或缺乏同理心的人爭論、或甚至進行協商，是不會有結果的。試著看清事實，這只是一種分散注意力的手段，千萬別上當。難搞的人知道如何巧妙地用某種指控或觸發某件事來激怒你，因此你很難看出他們正在把你拖進一場爭論中。然而，透過練習，你將學會注意到這一點並避免做出反應。

難搞的人是怎樣將你拖進一場權力鬥爭或爭論中？他們說了或做了什麼來不斷地惹毛你，導致你做出反應？

這些是你必須加以注意的行爲。當然，更難的部分是改變你的回應方式。

除了爭論、辯護、吼叫、反諷或提出要求外，你還可以做什麼？試著列出盡可能多的選項。如果想不出來，可以想想別人（你欽佩的某位具體人物，或想像中某個有智慧、冷靜又自信的人）會怎麼做。

這是很棒的開始！知道自己的地雷並制定不同的回應計畫，將有助於你遠離權力鬥爭。這需要你付出許多的努力，因爲難搞的人很擅長把別人拖進爭論中。但是別放棄。雖然難搞的人會有很長一段時間不斷地試圖挑撥你，但如果他們沒辦法控制你並得到他們所期望的反應，最終他們都會就此住手的。

此外，我們也必須小心別讓自己成爲掌控者而引發權力鬥爭。我們有許多人曾經錯誤地利用界線，試圖讓別人按照我們的意願行事。雖然我們通常是出於好意（例如希望酗酒的父母戒酒，住在家裡的成年子女出去找工作），但我們無法強迫別人改變，尤其是難搞的人。反覆嘮叨和逼迫他們可能會導致權力鬥爭。

你的強推己意怎樣導致權力鬥爭？

難搞的人不想改變。當我們接受這一點並停止試圖讓他們改變時，我們便可以專注於我們可以控制的事情，並以其他方式滿足我們的需求。

專注於你可以控制的事情

與難搞的人設定界線的唯一方法是，專注於你可以控制的事情。大多數情況下，難搞的人不會聽從改變行爲的請求。他們會報以憤怒（如阿米爾的父親）、否認問題的存在（如奈吉爾）、扮演受害者、答應改變卻從不付諸行動、或甚至冷笑著離開。無論他們做出什麼樣的回應，都不太可能是眞誠地想嘗試改變。你越是跟他們講道理、懇求或威脅他們，難搞的人就越會變得有防衛心、生氣或操縱，如此一來，你只剩下一個選擇——用你能動用的力量來改善自己的人生。

接受我們無法使他人改變的事實，可能會令人感到心灰意冷。不過好消息是，我們可以透過改變自己的想法和行爲來滿足自己的許多需求。大多數人對於透過個人的改變來設定界線並沒有太多的實際經驗。也許是我們低估了它的有效性；或者我們眞的以爲說服他人改變可以對他們有所幫助；又或者我們只是希望別人能努力地改變他們自己。

現在，我們來做一些練習，好讓你能更感到自在地確認，你可以獨自做些什麼來設定自己需要的界線。

回顧阿米爾的故事。無論阿米爾多麼客氣地請求、說了多少合乎情理的理由，他的父親都不太可能改變。倘若他的父親繼續帶著狗來，阿米爾該如何設定及執行自己的界線？什麼是阿米爾自己可以控制的？

現在，想一下你生活中的某個情境。難搞的人是如何侵犯你的界線？這個練習需要你去思考某個具體的界線侵犯。

你試圖透過這個界線滿足什麼個人需求？

假設難搞的人還是跟過去一樣我行我素，你可以做什麼來滿足自己的需求？不管這些選項好不好，都請盡可能地進行腦力激盪。

很可能阿米爾的選項和你的選項都不是理想的。比方說，阿米爾很難不邀請父親到他家，或者如果父親帶著狗來，他也很難拒絕開門。然而，這是他保護孩子免於受到狗的傷害所能做的兩件事。難搞的人通常會使我們在設定和執行界線方面沒有太多的選擇，這就是我們可能會選擇接受不完美的解決方案的原因。

接受不完美的解決方案

在理想的世界中，人們會熱情地接受我們的界線、了解我們的需求和感受；但在跟難搞的人打交道時，這只是一種幻想。由於他們拒絕改變或妥協，我們往往必須做出艱難的選擇，以及做一些令人感到苛刻或無情的事情，例如限制或停止跟他們接觸，但這確實符合我們的最大利益。

不管怎樣，我們都很難接受有人不尊重我們或我們的界線。即使我們把焦點放在自己能控制的事情上，他們也可能會試圖透過內疚、霸凌和蔑視來破壞我們的界線。這是難搞的人試圖控制我們所常用的權力遊戲。他們認爲只要讓我們在設定界線這件事上吃足了苦頭，我們就會打退堂鼓，然後他們就可以繼續我行我素。

同樣的，爲這一類的回應做好準備是有幫助的，包括看清它是一種操縱，並且這樣說：「伊萊在用內疚感控制我」，或是：「伊萊用言語的虐待來操縱我，好讓我掏錢給他喝酒。」（重要提示：這些說法僅限於自己內心的思考，或在確保隱私的地方寫下來。直接道破難搞的人的操縱行爲，可能會引起衝突或更多的虐待行爲，而不會讓對方負起責任或做出改變。）

不要美化難搞的人的行爲。你必須將這種行爲明確地稱爲：控制、操縱和虐待。這樣做可以清楚地表明他們的行爲是不可接受的，而這不是你的錯，也不是你能改變的事情。如實地看待有害的行爲能幫助你接受不完美的解決方案，例如離婚或不准子女去看祖父母。

不完美的解決方案通常意味著，我們必須放棄我們想要或熟悉的某些東西，以換取我們更需要的東西。例如離開有虐待傾向的伴侶可能意味著失去一段重要的感情，以獲得你需要的安全。這是一個重大的損失，你並不會因爲這個難搞的人離開而立刻感覺更好；相反的，你可能會感受到各種矛盾的情緒——悲傷、內疚、憤怒、如釋重負。哀悼一段感情的結束或接受任何不完美的解決方案是一種過程，其中包括回想你當初做出這個決定的理由、接納你的感受、找到發洩情緒的健康方式，以及善待自己。

當你對某個不完美的解決方案掙扎不已時，請記住：

- 這個界線對你很重要的理由。

例：這個界線很重要，因爲我必須保護我兒子的安全。

• 你有權設定界線。

例：我有權決定誰或什麼東西可以進入我的家。

• 別人對此反應不佳，並不代表你做錯了什麼。

例：父親的憤怒並不代表我做錯了什麼。

• 你不必爲他人對你的界線的感受或回應負責。

例：父親的感受和行爲並不是我的責任；讓他感覺好一點並不是我的事。

每當你在界線方面遇到困難或經歷重大的改變時，我也鼓勵你多多照顧好自己，其中包括充足的睡眠、運動、與支持你的人在一起、或享受自己的嗜好。在應付難搞的人時，心理治療師也可以成爲重要的盟友。他們可以提供安全的空間來讓你處理情緒、確定選項，以及朝著接受不完美的解決方案的方向努力。

總結

難搞的人讓設定界線變得非常有挑戰性。自信的溝通、協商、提出請求、以及其他設定界線的技巧，很少能對難搞的人產生效果。然而，一旦你看出自己是在應付一個難搞的人，你就可以採取不同的方法：安全第一、避免權力鬥爭、專注於你可以控制的事情，以及接受不完美的解決方案。

現在，我們已經完成與他人設定界線的部分。接下來，我們將轉向第四部分，學習如何與自己建立界線。

【第四部】

與自己的界線

12

尊重他人的界線

目前爲止，我們討論的都是如何主張自己的需求，以及如何與他人設定界線。現在，我們要把焦點轉向我們必須與自己設定哪些界線或限制。在這一章，我們將討論尊重他人界線的重要性。

界線是雙向的

誠如我在本書中提到的，界線是健康關係的基礎，而這不僅僅適用於他人。界線是雙向的——如果我們不尊重他人的界線，就不能期望他人尊重我們的界線。

當然，這說起來容易做起來難。我們並不總是喜歡別人的界線；我們不喜歡被拒絕或不得不妥協。但如果我們不能尊重他人的界線，我們的關係就會變得很痛苦。我們將會經常感到沮喪和煩躁，我們將會有更多的爭吵，最終，人們將不想跟我們相處。

當我們尊重他人的界線時，我們會接受他們的自我決定，以及他們爲自己做出正確選擇的權利。這讓彼此建立了信任和情感上的安全感，因爲如果對方感覺到我們是充滿尊重且不會動輒批評人的人，他們就更有可能對我們敞開及坦誠以待。

我們侵犯他人界線的方式

我們都偶爾會侵犯到他人的界線。通常來說，這些侵犯行爲都無傷大雅或只是小小的意外。例如你在地鐵上跟人坐得太近，而對方挪了挪位置表示他們感到不自在，或是你不小心打開了伴侶的信件。

然而，我們也都會侵犯到更重大的界線。我們最需要注意的是那些對他人造成傷害、或出於想要控制或懲罰對方而做出的侵犯行爲。因此，本章將聚焦在這些重大的侵犯行爲。

你不尊重他人界線的行爲可能包括：

- 否定他們的感受或意見。

  例：算了吧，這又沒什麼大不了。

- 用內疚感或消極抵抗行爲來控制他人。

  例：室友用傲慢的語氣要求你別使用她的洗髮精，而你出於怨恨故意使用它。

  例：爲了讓女兒來探望你，你向她抱怨自己有多麼寂寞。

- 表現得過於親密。

例：你將自己的健康問題全都告訴了一位在結帳排隊時剛認識的女士。

例：在兒子和兒媳家使用洗手間時，你沒關門。

- 破壞信任。

例：你把兄弟偷偷跟你說的事告訴了母親。

- 提供不需要的建議。

例：你的好友向你吐露他女友的不忠行為。你告訴他出軌是不能容忍的，他應該跟女友分手，因為這種事有一就有二。

- 強迫他人做他們不想做的事情。

例：朋友已經吃不下了，你還繼續勸說她再吃一塊餅乾。

例：在一次爭吵中，你的妻子說她需要靜一靜。她要出去走走，十五分鐘後回來。你回她說：「不行，我們得繼續談這件事，你甭想走人。」

- 行為激進或具有傷害性。

例：你擋住出口，不讓妻子離開。

例：室友責問你使用她的洗髮精的事。你說她自私，然後砰地關上門。

這些行爲中有哪些令你感到熟悉呢？我們偶爾都會越界，但即使知道這一點，我們還是很難承認自己越界的頻率及它造成多大的傷害。不過，我要鼓勵你誠實地檢視自己的行爲，因爲覺察問題乃是改變的第一步。

簡要描述一、兩個你曾經不尊重他人界線的情況。

由於不尊重他人的界限，你的人際關係在哪些方面受到了負面影響？

反思這些經歷時，請試著將它們視爲學習的機會。當你認識到自己的錯誤時，你會知道如何做得更好。苛刻地批評自己是無濟於事的，這麼做只會帶來羞愧，而不是成長。我們大多數人都有尊重他人界線方面的困難，但這並不是因爲我們是壞人，而是我們還沒有自己所需要的覺察和技巧。

難以接受別人界線的原因

當有人對你說「不行」時，你腦海會浮現什麼想法呢？你可能感到生氣，因爲沒得到自己想要的東西令人心灰意冷；或者你可能覺得很丟臉，就好像自己做錯事或要求太多而被罵一樣。

有些人聽見別人說「不行」時也會感到害怕，因爲這激起了以前被拒絕或被拋棄的回憶或恐懼。聽到「不行」是出乎意料地令人難受，無論你的年紀有多大或多成熟，因爲它會引起許多不愉快的情緒。

當有人設定了一個你不喜歡或告訴你「不行」的界線，你會有什麼樣的感覺？

在這種情況下，你通常會有什麼舉動？

你可能會注意到，不同的界線、界線設定者和設定方式，你的感受也會不一樣。比方說，父親掛斷你的電話，你可能會非常痛苦；但你的朋友說他在忙而掛斷你的電話，你卻並不怎麼在意。其中的差別是什麼呢？可能是因爲父親冷落過你，並且在態度上很嚴厲；而你的朋友則語氣有禮貌，並且通常會在有空時回你電話。若你有過這種體驗，就很容易理解爲什麼某個界線會比其他界線令人痛苦。

然而，很常見的情況是，我們會在無意中將自己被人冷落或傷害的痛苦和憤怒，帶進我們與其他人的關係中。當這種情況發生時，我們可能會發現，不同的人設定的非相關界線也會帶來痛苦。例如你的朋友彬彬有禮地設定界線，並且從未冷落過你，但你仍然感到受傷。這可能是在潛意識中讓你想起了那些與父親的行爲有關的痛苦感受。

當你對某人的界線感到非常痛苦時，儘管沒有證據顯示他們影響了你的權利，但你可以充滿好奇心地探索自己的反應：這種經歷是否讓你想起了過去的某件事？過去別人對你設定這種界線時，你也是同樣的感受嗎？你可能需要回顧自己的童年來發現這些關聯性。

想一個對你來說特別痛苦的界線。你對這個界線的反應是否合理？如果不合理，你覺得這個界線可能與你過去的某個經歷有什麼樣的關聯呢？

即使你無法確切地找出這些強烈的情緒來自何處，認識到這些情緒是正常的、是你的身體在提醒你過去的痛苦情境的方式，也是有幫助的。這樣可以讓你注意到這個情況有什麼不同，並發現這個人和他們的界線並非威脅的跡象。當你不將他人視爲威脅時，就會更容易尊重他們的界線。

如何尊重別人的界線

尊重他人的界線並不代表我們一定同意他們的決定或意見，而僅是表示我們接受他們有做出這些決定和擁有自己意見的權利。尊重界線也不表示我們必須履行他人的每一項請求或要求。我們可以懷著尊重的態度拒絕某個請求，從而設定我們自己的界線。此外，尊重他人的界線也不表示要容忍別人的虐待或消極。我們的目標是尊重他人和尊重自己。

現在，我們來看一些尊重他人界線的訣竅。

提問而非假設

當我們不了解某人的需求或觀點時，向對方提出更多的詢問可以幫助我們避免許多越界的情況。當我們沒有足夠的資訊來理解他人或情況時，我們的大腦會自動腦補來理解正在發生的事。結果是，我們對他人的需求和動機進行假設。我們誤解了他們的語氣、臉部表情和行為，因為我們的假設是出自於自己的經驗、信念和感受。特別是當我們匆忙倉促、感到壓力、曾與人發生過衝突、或有截然不同的生活經歷時，就更容易做出假設。

我將以珍妮和卡爾的故事來說明假設如何導致界線侵犯，以及如何提問來避免這個問題。

珍妮和卡爾交往一年後，他們的關係出現問題。在一次激烈的爭論中，卡爾說：「我們暫時分開一段時間吧。」珍妮不確定他的意思。於是，兩天後她打電話給卡爾。結果卡爾非常生氣，因為她沒有尊重他要求的個人空間。

當界線和期望不明確時，我們可以請對方釐清問題來得到必要的資訊。以下是珍妮可以說的一些話：

- 我想尊重你的界線並給你必要的時間，那麼我最好怎麼做呢？
- 我怕我沒搞清楚你的意思。可不可以再說明一下，你需要的是什麼呢？
- 你覺得你需要多久時間？
- 對我來說，暫時分開就是一、兩天不聯繫。你的意思是這樣嗎？
- 我可以用社群媒體跟你聯繫嗎？
- 我不想越界，所以我想具體地知道你希望我做什麼或別做什麼。

這些問題的答案都將幫助珍妮更清楚地了解卡爾的界線。

根據情況的不同，要釐清的問題也不一樣。但一般來說，你會希望釐清以下的問題：

- 誰被要求做某事？
- 他們被要求做什麼？
- 這件事要在哪裡進行？
- 什麼時候完成？

- 要持續多久的時間？
- 這件事要如何完成？

想一個你曾侵犯過某人界線的情況。當時如果釐清了哪些問題，將可以幫助你了解和避免不尊重他們的界線？

提出需釐清的問題並非總是容易的。有些人被問到這些問題時會生氣並開始防衛起來，甚至可能對你想要知道更多的請求視爲侮辱。因此，你要盡量使用溫和的語氣，來表達你對於理解和尊重他們界線的眞誠。分享你提問的動機（例如：「我有些疑惑」或「我想了解」）也可以創造情感上的安全感，避免讓對方覺得你在盤問他們。不過，如果有人拒絕解釋他們的需求，我們就很難尊重他們的界線，畢竟我們又不會讀心術！在這種情況下，請盡量根據你所知道的信息來尊重他們的界線。此外要記住，唯有每個人都願意充分參與這個過程時，界線才能最順利地運作。

仔細傾聽

除了提問，我們也必須成爲良好的傾聽者；也就是說，我們要專注於對方說話的內容和方式。請務必要心無旁騖地聽對方說話，因爲這是尊重對方的表現。如果你一邊看手機或只想著自己接下來要說什麼，就有可能錯過他們的某部分訊息。同時，在你回應之前，請先讓對方把話說完。

表達關心和體貼

關於尊重他人的界線，也許你能做的最重要的一件事，就是表達你的關心和對他們需求的關注。以下是一些你可以對他們說的話：

- 我想了解你的需求。

- 我關心你和你的需求。
- 我們能不能多談談這件事？
- 我無法永遠滿足你的需求或做到你想要的，但我確實在乎你。
- 我們看看能不能達成妥協。
- 我們不必什麼事都看法一致才能做朋友。
- 雖然我不敢苟同，但我尊重你的看法。
- 我不想要越界。
- ______________________
- ______________________
- ______________________

關心和體貼也可以透過溫暖的表情、柔和的語氣、輕鬆的身體姿勢和專注來表達。

接受拒絕

有時，最尊重的回應是接受某人的拒絕，而不過問原因或試圖改變他們的想法。即使我們是出於想要幫忙或配合對方，但追問他們拒絕的原因可能會令他們感到不知所措，並迫使他們說出令人感到不自在、有傷害性或讓人尷尬的理由。尤其是對於我們較不親近的人（例如同事和點頭之交）更是如此。相反的，我們可以接受對方的拒絕，並且相信如果他們想要解釋或要我們做出改變的話，他們就會告訴我們。

別將界線視為針對自己

當我們把別人的界線視爲針對自己，我們就會認爲那是對自己的一種攻擊，或是一種與我們斷絕關係或懲罰我們的方式，這些都會令人感覺不舒服。可以理解的是，當我們對別人的界線有這種感覺時，我們會傾向反擊、抵制他們的界限，並且會試圖說服他們相信，他們的界限是錯誤或是不必要的。但基本上這是一種不尊重對方的做法，而且也無法建立我們所渴望的連結。

相反的，我們可以多注意自己把某個界線過度個人化的狀況。過度個人化源自於我們對自己的扭曲想法和負面信念。覺察這些無益的想法有助於我們改變它們。

找出一個你把它視爲針對自己而來的界線。

例：我們躺在沙發上時，山姆說他不希望我把腳放在他身上。

你對這個界線有什麼感覺？

例：我感到受傷和擔心。

找出使你難以接受這個界線的具體想法或信念。

例：我覺得山姆不喜歡跟我親近。

請利用以下網址所提供的「認知扭曲」清單（http://www.newharbinger.com/47582），查看這是否是一個扭曲的想法。如果是，它是屬於哪一種類型？

例：過度概括、知道別人的心思。

接著，尋找並記錄支持或反駁這個想法的準確性的證據。請利用以下網址所提供的問題來幫助你質疑扭曲的想法：http://www.newharbinger.com/47582。

例：我正在對山姆的想法做出假設，並對這情況做出過度概括的結論。也許他只是不喜歡腳。我們經常擁抱和親吻，他並不排斥其他方式的親密。

現在，將你的想法或信念重寫爲更準確和更具支持性的陳述。

例：山姆跟我關係親密，他請我移開腳並不會改變這一點。

這個練習可以幫助你改變扭曲的想法，使你不再過度個人化，並將其替換爲更準確和更具支持性的想法，而這有助於你尊重他人的界線。

侵犯他人的界線時該怎麼辦？

如果你遵循我們剛才討論的訣竅，希望你不會常常侵犯到別人的界線。不過人非聖賢，有時候難免會犯錯。侵犯別人的界線時，最重要的是道歉並改變自己的行爲。

良好的道歉

做出令當事人滿意的良好道歉，比你想像的要複雜得多。二〇一六年，列維奇（Lewicki）、柏霖（Polin）和朗特（Lount）發表的研究確認了有效道歉的六項要素：

1. 承認責任
2. 提供補救
3. 表達遺憾
4. 解釋出了什麼問題
5. 表示悔改之意
6. 請求原諒

理想上，道歉時你會用到以上所有這些要素，至少在重大的界線侵犯時是如此。但研究顯示，這些要素的重要性並不相等。最重要的要素是負起責任或承認自己的錯誤，其次是提供補救或願意採取行動來彌補過失。因此，你必須確保你的道歉至少包含這兩項要素。

以下是一個負起責任並提供補救的道歉例子：

我很後悔在父親的葬禮上喝酒，並干擾了儀式的進行。這是我的錯。我願意爲我帶給你的痛苦負責，我想彌補這個錯誤。我會定期參加戒酒會來保持清醒，避免再次傷害你。我還能做些什麼來進行補救呢？

***

以下是一個不充分道歉的例子，它既沒有承擔責任，也沒有提供補救：

***

如果你對我在父親的葬禮上喝了幾杯酒感到不開心，那麼我向你說聲對不起。我沒想到你會在意。

***

給出一個全面的、由衷的道歉，並不是我們大多數人擅長的事情。如你所見，它涉及的不僅僅是基本的「對不起」而已。一個不眞誠的道歉，將錯誤歸咎於受害者或否認他們的感受

（如第二個例子），可能會造成更多的傷害。但如果你加以練習，做出有效的道歉將會變得更容易。

練習寫一封你不尊重某個界線的道歉信。

改變你的行為

列維奇和他的同事的研究還告訴我們，如果可能的話，我們必須彌補我們造成的傷害，並學會在將來做得更好。即使是眞誠的道歉，如果我們繼續不尊重他人的界線，那麼道歉也沒有多大的意義。我們必須改變自己的行爲。

抽出一些時間思考你必須做出的改變。本章前面提到的那些訣竅中（提問而非假設、仔細傾聽、表達關心和體貼、接受拒絕、別將界線視爲針對自己，參見第317～326頁），有哪些是你必須努力改進的？你可能還必須改變其他的行爲，比如不使用影響判斷力的藥物或酒精、接受治療、服用藥物或增加睡眠的時間。要考慮所有影響你的心情、自我控制、有效溝通的能力，以及保持冷靜和專注的因素。

你必須做出哪些改變來改善你尊重他人界線的能力？要盡可能地具體。例如不要只是說「我需要更好地傾聽」，而是要確定你想改進傾聽的哪一方面，比如「與凱伊交談時，我必須把手機放在一邊」。

你將如何做出這些改變？你需要什麼資源或幫助？

確認需要改變的事項是一個很好的開始，而制定計畫則創造了可行的步驟來使改變成爲現實。然而，就算你有很高的動力，行爲的改變也不是一蹴可及的。但讓別人知道你正在努力做出改變可能會有所幫助。例如，如果你侵犯了妻子的某個界線，經常打斷她說話，那麼你可以說類似以下的話：「我正在努力改善我的傾聽能力，我會心無旁騖地傾聽而不打斷你說話，以便更深入地理解和尊重你的界線。」這是向他人表明你是認眞地想做出改變，並且他們對你來說很重要的另一種方式。

總結

承認自己侵犯了他人的界線需要勇氣，但爲了建立和維持成熟而令人滿意的關係，你必須能夠承認自己的錯誤、道歉並改變自己的行爲。我希望你現在能對自己如何侵犯別人的界線有更多的覺察，知道自己並不是唯一有這種困擾的人，並掌握額外的技巧來避免界線侵犯。

下一章，我們將討論如何與自己設定界線，以便更有效地管理自己的行爲。

13

自我管理的界線

我們大多數人都在管理自己的某些行爲方面有困難，例如消費習慣、飲酒或社群媒體的使用。在本書中，我們談到了拒絕他人有多困難；同樣的，拒絕自己也可能一樣不容易。我們將在本章討論如何透過與自己設定界線來改善生活，以及如何以一種激勵和尊重自己的方式來做到這一點。

必須與自己設定界線的理由

如果你每天晚上讓自己在電視機前吃一品脫冰淇淋，或每當感到寂寞時就打電話給前任，那會怎樣呢？爲了保持身心健康、完成目標及按照自己的價值觀生活，我們必須對自己設定一些限制。界線是影響我們的選擇的那些規則或指導方針。它們讓我們更容易抵抗誘惑、培養健康的習慣，以及做出支持我們的目標和價值觀的決定。

看看你是否能對泰莎在自我管理方面的困擾感同身受。

早上七點三十六分，泰莎終於關掉鬧鐘起床。在按了四次貪睡鍵後，她已經要遲到了，更甭說去運動了。她探了探衣櫃想找合適的衣服卻找不著，只好在一堆要洗的髒衣服中翻找。最後她在浴室門後找到了她最喜歡的褲子。由於沒吃早餐，泰莎上午才過一半就飢餓難耐。她在咖啡店買了一杯拿鐵和一個鬆餅，隨即變得心灰意冷，因為她沒有堅持自己的預算，也沒有遵守減醣計畫。

如果泰莎能為自己設定限制並堅持下去，她將更容易按時起床、運動、洗好衣服、堅持預算和吃得健康。而能夠做到這些事情很可能使她身心都感覺更好——她會有更多的精力、更少的壓力，並感覺更有成就感。

與自己設定界線創造了生活的規劃和可預測性，使你的生活更加順暢，如此一來，你便能有更豐富的表現、維持健康，並對自己的選擇感到滿意。

你認為對自己設定限制會怎樣改善你的生活？

當然，管理自己的行爲並對自己設定限制，既不容易也不有趣。但如同你可以從泰莎的例子以及思考自己的生活所看出來的，這樣做會有許多的好處。

自我管理是學習而來的

在深入探討如何與自己設定界線之前，我想強調一件重要的事：不要批評自己缺乏自我管理。每個人都有某種程度的自我管理困難，這並不是個人的失敗。我們並非與生俱來就有自律的能力。這是一套我們必須學習並在生活中不斷實踐的技能。

你的父母或照顧者是你最早、也是最有影響力的老師。正如我們所討論的，如果你的父母沒有爲你（和他們自己）建立生活的規劃和界線，或者他們在這方面的做法不一致，那麼你可能就不會培養出健康的習慣和常規，或是不知道如何爲自己設定限制。同樣的，如果你的父母制定了苛刻又嚴格的規則和期望，也會影響到你的成長。由於他們對控制的需求很強，他們不會給你機會去練習自我管理和透過試錯來學習；換句話說，你的父母是在管理你的行爲，而不是教你如何自我管理。

此外，思考一下，你從觀察父母管理他們自己的行爲中學會了什麼。你的父母是否爲你樹立了健康的習慣、節制、以及合理又穩定的作息的榜樣？還是他們飲酒過度、整天睡覺，並且不能按時支付帳單？這些觀察會對你產生深遠的影響。

對於童年時期沒有學會自我管理技能的人來說，他們往往會在過於寬容自己（「我應該再來一球冰淇淋」）和過於苛刻或評斷自己（「我太胖了，我再也不吃冰淇淋了」）之間擺盪。我們的目標是找到折衷的方式——能夠有同情心地自我要求、改善自我管理，但別期望自己能做到完美，因爲那是不可能的事。

與自己設定界線的方法

與自己設定界線有三個步驟：一、確定生活的哪些方面需要更好的自我管理；二、設定改變行爲的目標；三、犯錯時善待自己。讓我們從第一步開始。

步驟一：確定生活的哪些方面需要更好的自我管理

我們的生活中都有某些方面管理得不太好。你可能已經覺察到哪些地方必須要有更多的生活規劃和限制，或者你只有一個大致的感覺，覺得自己的自律性不符合自己的期待。你可以利用以下這個常見的自我管理困難清單，幫助你確定自己的情況。

- **財務管理**。這方面的問題包括：超支、延遲付款、債務、借出而未還款的錢、沒有爲特定目標（退休、度假、教育）儲蓄，以及未報稅。
- **時間管理**。這方面的問題包括：行程安排過多、遲到、沒有將重要活動列爲優先、拖延、沒完成任務、工作過度和熬夜。
- **健康管理**。這方面的問題包括：吃得過少或過多、抽菸、過度飲酒或濫用藥物、缺乏運動、沒有對慢性的健康問題進行管控或服用處方藥、睡眠不足，以及冒險的行爲（例如不安全的性行爲或不繫安全帶）。
- **人際關係管理**。這方面的問題包括：虐待他人，或繼續與那些對你的身心造成痛苦的人交往。

- **思想和情緒管理**。這方面的問題包括：鑽牛角尖、自我批評、未接受治療的憂鬱症、焦慮或其他心理健康的問題。
- **環境管理**。這方面的問題包括：不打掃環境或洗衣服、沒有完成家居維護的工作、雜亂和無序。

抽出時間來反思一下，你的生活中有哪些方面需要更多的規劃或限制。哪些行爲讓你感到失控或不可預測，或是給你帶來問題？

使用表格來記錄你想要改變的具體行爲、它們的負面影響，以及你有多麼想改變這些行爲。你可能需要幾天的時間來確定各種自我管理方面的困難。

具體問題	負面的影響	想改變的程度（1-10）
例：熬夜	疲倦、煩躁、早上起不來、上班遲到	8

想要同時解決所有的自我管理問題可能會讓人吃不消。通常而言，一次專注於一個改變或目標會得到最好的效果。所以，要從你最希望改變、帶給你最大困擾的行爲開始。

你首先想要改變哪個行爲？

既然你已經確定了生活中哪一方面需要更好的自我管理，現在該是開始規劃爲自己設定限制的時候了。

步驟二：設定改變行為的目標

如果你跟我一樣，你可能已經嘗試改變自己的壞習慣許多次而變得更有紀律了。你在自我管理方面有困難，並不是因爲你缺乏意志力或能力不足。問題通常在於你雖然想改變，卻沒有建立一個具體又實際的計畫並貫徹執行。

SMART 目標是簡單又常用的設定目標工具，或許你對這個概念已經有所了解。SMART

是具體（Specific）、可衡量（Measurable）、可達成（Achievable）、有相關性（Relevant）和有時限性（Time-bound）的縮寫。以下是如何將其應用在自我管理的方法。

具體：你想具體實現什麼？

非具體的目標：「我要吃得健康。」

具體的目標：「我要每天吃五份蔬菜。」

你認爲哪個目標更有用、更可能實現？「吃得健康」可以指很多的事情，例如不吃快餐、減少糖分的攝取、多吃蔬菜、或是早餐喝高蛋白飲品等。這些活動都可以改善你的健康，可是當目標變得如此廣泛時，它們就很難實現。相比之下，當你明確地專注於某個特定的行動（比如吃蔬菜），你就更有可能貫徹到底。

將焦點縮小是很棒的開始，但你越具體，就會準備得越好，成功的可能性也就越大。你可以問自己：「我要怎樣把蔬菜納入飲食中？我要吃哪些蔬菜？我何時準備它們？」

以下是更具體的目標的例子：「我每天要吃五份蔬菜：早餐吃一份，午餐吃兩份，晚餐吃兩份。每週日，我會去農夫市集買該週所需要的蔬菜。我會做一盤大沙拉，作爲該週午餐的一部分。」

可衡量

你如何知道自己已經達成目標了?衡量的結果會告訴你是否實現了設定的目標。這也有助於讓你的目標變得更加具體。注意以下目標之間的差異:

「我的目標是鍛練。」

「我的目標是更多地鍛練。」

「我的目標是每週鍛練三次,每次三十分鐘。」

最後一個目標是最有效的,因爲它明確且易於衡量;而第一個目標無法衡量,第二個目標則含糊不清。與其追求做得更多或更少,不如具體量化你要增加多少或減少多少。

可達成

你的目標在現實上是可達成的嗎?它的實現是否在你的掌控之中?設定適度的目標來爲成功做好準備是很重要的。這可能意味著將大目標分解爲小目標。舉例來說,如果你目前不吃任何蔬菜，那麼要努力達到每天吃五份蔬菜的目標就不太實際了。相反的，你可以從每天吃一份蔬菜開始，而當你可以堅持這個目標一週，你就可以將目標提高到吃兩份蔬菜。

此外，你還要確保你期望的結果是你可以控制的。例如你可能希望減少恐慌發作，但這個結果並不完全在你的控制之中。相反的，設定一個目標去做一些可以促成這個結果的事，比如冥想、運動或每天服藥，因爲這些都在你的能力範圍之內，並且很可能減少你的恐慌發作。

有相關性

這個目標是否符合你的長期目標和優先事項？它是否看起來值得去做？你想把時間和精力投入在那些對你很重要且有可能改善你的生活的目標上。在前面的練習中，你透過思考某些行爲的負面影響和你想改變的程度，選擇了最相關的問題來集中焦點。

有時限性

你規劃的每個步驟的完成時間表是什麼？實際的時間表可以幫助你取得進展，因爲當你要做的事情是具體的，你便更有可能貫徹到底。

時間表是有幫助的，但如果你想永久地改變自己的行爲，那麼設定結束日期或截止日並不是個好主意。完成日期意味著一旦你達成了目標，你就會停止進行這個新的行爲。舉例來說，如果你設定的目標是要在姊姊的婚禮前每天運動，那麼這個每天運動的計畫就可能在婚禮完成後結束。

現在，爲你想要管理得更好的行爲建立 SMART 目標。

要改變的行爲：＿＿＿＿＿＿＿＿

例：熬夜

目標：＿＿＿＿＿＿＿＿

＿＿＿＿＿＿＿＿

＿＿＿＿＿＿＿＿

例：每天晚上十點睡覺。我每週提前十五分鐘就寢（本週十一點四十五分、下週十一點三十分，依此類推直到晚上十點就寢）。我會設置睡覺提醒鬧鐘來提醒自己。

最後，透過問自己以下的問題，來確認你已包含了 SMART 目標的所有要素：

- 我的目標是否具體？
- 我要怎樣知道自己已經達成目標？我能測量我的進展或成功嗎？
- 這個目標是我在現實上可達成的嗎？
- 這對我來說重要嗎？
- 我要何時開始進行這些改變？

若你可以改進目標，就回頭進行調整。個人的目標是持續在改進的，因此不斷地進行調整完全沒問題。比方說，當你開始著手進行目標卻發現它不切實際，你就必須給自己更多的時間。事實上，調整目標會比放棄或硬撐而帶給自己更多壓力來得好。你希望設定可實現的目標，使你的生活在現在和未來都得到改善。

步驟三：善待自己

與自己設定界線需要付出極大的努力。若你沒有看到期望中的進展，維持這種努力就會變得特別困難。然而，行爲的改變並非總是一帆風順，有時會遭遇挫折、感到心灰意冷是很正常的。自我疼惜能幫助你堅持目標，即使出現困難也能堅持下去。

大多數人在遭遇挫折或犯錯時都會自動地批評自己。問題是，苛刻的內在批評並不能鼓舞我們做得更好，例如說「你是個失敗者」或「你太懶惰了」。

克莉絲汀・娜芙（Kristin Neff）和克里斯多弗・葛摩（Christopher Germer）在《自我疼惜的51個練習》（*The Mindful Self-Compassion Workbook*）中解釋道，自我批評根植於恐懼——害怕變成像父親那樣的酗酒者、害怕不改變飲食就會心臟病發作，或是害怕再犯錯就會被解雇。恐懼可能暫時激勵你，但它並不能帶來持久的改變；相反的，它讓我們感到羞愧、不足和心灰意冷，如此一來，我們就更容易放棄。

然而，自我疼惜是有激勵作用的。「疼惜的心會使我們著眼在長期的健康和福祉上，而不是逞一時之快……研究顯示，疼惜自己的人會從事更健康的行爲，例如運動、良好的飲食、減少飲酒，以及更常定期看醫生。」

在下一個練習中，你將練習把自我批評轉化爲自我疼惜，因爲批評並不能增加自律或幫助你達到目標。認識到批評是試圖保護或激勵自己的一種誤導，我們就更容易用自我疼惜來取代它。

回想一些你無法能如你所願地管理自己行爲的狀況，然後在表格中記錄你當時對自己說了什麼、你恐懼的是什麼，以及你可以怎樣用友善和理解的方式來回應，就像你對處於相同處境的朋友所做的那樣。試著在回應中包含自我疼惜的三個要素：一、善待自己，而不是評斷或批評自己；二、認識到每個人都會遇到困難，你並不是唯一犯這種錯誤的人；三、覺察自己的感受，並承認這個體驗是多麼痛苦，但不過度認同它。

狀況	你的內在批評者怎麼說？	你的內在批評者可能想要怎樣保護或激勵你？你的內在批評者可能想要提醒你哪些恐懼？	在這種情況下，你可以對自己說哪些友善又支持你的目標的話？
例：我因喝醉而跟我的前任發生關係。	我真是個笨蛋！	我的內在批評者不希望我喝這麼多酒，因為我喝多了就會做出糟糕的決定。我的內在批評者擔心我會一直回到亞倫的身邊，而無法擁有幸福和成熟的關係。	喝醉並與亞倫發生關係是個錯誤，但我理解自己為什麼會這樣做。我正在面臨困難，需要一些安慰。我不是笨蛋，但我確實必須打破這種模式。

如果想繼續進行這個練習，你可以在以下網址下載「疼惜自己的自我對話」：http://www.newharbinger.com/47582。除了友善地跟自己說話外，你還可以透過一些行動來展現愛和自我接納，例如泡個熱水澡、給自己一個擁抱或頸部按摩、品嚐健康的小食品，或任何讓你感到寬慰的事。

尋求幫助的時機

許多人在實現自我管理的目標時若能得到幫助，他們往往能取得更好的成效。幸運的是，現在獲得幫助的方式有很多，包括尋求醫生或治療師的專業協助、參加戒菸或減重計畫之類的教育課程、十二步計畫（12-step programs）之類的同儕支持團體，以及使用追蹤個人習慣的應用程式工具。甚至向朋友講述你的目標，也能提供有益的支持和完成目標的責任感。

SMART 目標可以幫助我們做出行爲的改變，但它們並未解決更深層的未被滿足的需求和情感創傷。有時候，這些需求和創傷會在我們試圖改變行爲時浮現出來。例如，一個苦於酗酒的人可能難以保持清醒，因爲他們不知道如何忍受清醒時所感受到的痛苦情緒和回憶。

如果你的自我管理困難導致重大的問題或是正在惡化，你可能需要尋求專業的協助。然而，我們有許多人不願意尋求幫助，理由可能是擔心費用昂貴、耗費時間、感到尷尬或是感覺沒有希望。如果你也有這樣的情況，可以利用本節的寫作提示來思考和探索你的想法及選擇。

什麼原因讓你不願意尋求幫助？

____

____

____

這些阻礙你尋求幫助的原因可能是眞實的，也可能只是一種假設。我們常常假設憤怒管理課程會很昂貴，或是我們沒有資格帶薪休假去接受治療，但事實上，我們根本並不確定事實是否如此。因此去做一些調查研究、與你的醫生談談、撥打 2-1-1 社區服務資訊專線（美國大部分地區都有提供此項服務），或是與你的健康保險專員或人力資源部門談談，可能會有比你想像中更多的選項出現。

不過，尋求幫助仍可能必須做出一些犧牲。因此請思考一下，你透過尋求幫助可以獲得什麼，以及如果不尋求幫助，你會發生什麼事。

透過尋求幫助，你可能獲得什麼？

如果不尋求幫助，你認爲會發生什麼事？

總之，尋求幫助並找到可行的選項需要毅力和努力，但最終可以幫助你掌握自己的人生，並重建你的健康和人際關係。

總結

界線是重要的自我管理工具，它們促進生活的規劃、健康的習慣和必要的穩定性，使我們的生活能順利運行。

在這一章，我們敘述了如何使用 SMART 目標來確定及規劃我們走向更好的自我管理的努力。我們還討論了自我疼惜和尋求幫助在實現目標中所扮演的角色，特別是在我們偏離軌道或感到心灰意冷時。

科技的使用是我們大多數人在自我管理方面另一個困難的領域，因此下一章我們將專門來談如何與科技建立界線。

14

與科技的界線

科技在相對短的時間內，幾乎已澈底改變我們生活的方方面面。我們原本以為手機和筆記型電腦能為我們帶來新的自由——在家工作、了解最新的消息和隨時接聽電話——如今卻感覺像是一條牽繩，使我們無法擺脫工作、以及那些令人焦慮的新聞和煩人的朋友。雖然傳訊息、網路購物和隨選電影之類的事物既方便又有趣，但如果不知道如何限制使用，它們可能會影響到我們的生產力、目標和人際關係。

隨著科技不斷地進步，學會如何與科技設定界線也變得越來越重要，否則它們將對我們的人際關係、健康和情緒造成負面的影響。但在我們開始制定管理科技使用的規則之前，我們必須了解我們使用科技的方式，以及科技如何幫助我們及傷害我們。

科技帶來的幫助

科技如此深入我們的生活，以至於我們對它的許多功能都視為理所當然。我們靠訊息來快速回覆問題，靠行事曆的通知來提醒我們約會時間，靠社群媒體來保持親友的聯繫，還有許多其他方面。你可能用科技來完成下列常見的工作：

- 生產和實用的工作（銀行業務、研究、組織、購物）。

- 溝通交流（電話、訊息、電子郵件、社群媒體）。
- 娛樂（電視、電影、音樂、遊戲、購物、社群媒體）。
- 照顧自己和健康（音樂、遠程健康預約、運動追蹤、靜心應用程式）。
- 學習和了解最新的消息（書籍、播客、線上課程、新聞）。
- 創意項目（拍照、錄製和編輯影片或音樂）。

科技如何改善你的生活？

如果沒有這些科技上的便利，你會失去什麼？

然而，如你所知，科技也可能帶來問題。

科技引起的問題

如同許多事物一樣，當科技適度使用時，它是一種資產。但科技太容易取得（每個人口袋裡都有智慧型手機），而且如此吸引人（幾乎有無限的內容、即時的滿足感、繽紛的色彩和聲音），因此我們往往會過度使用。對我們許多人來說，眞的很難抵擋那種再看一集我們喜歡的節目或再訂一筆明天就送達的商品的誘惑。

然而，引起問題的不僅僅是我們花在這些科技設備上的時間，還包括我們在網路上的行爲。舉例來說，因工作需要而在電腦前待上八小時可能不會引起太多的問題，但是花同樣的時間觀看影片或玩遊戲可就不一樣了。

我們必須注意使用科技的原因，以及我們是否實現了預期的目標。很多時候，我們拿起手機本來打算做某件事，但後來卻分心了，最終浪費了時間；或者我們打開社群媒體應用程式，希望透過與朋友的聯繫來獲得幸福感，但卻看到了沒邀請我們的派對照片或引起爭議的政治評論而感到失望、沮喪或焦慮——而不是更快樂和更放鬆。

以下是你需要善加限制科技使用的一些跡象。當然，我們每個人都不同，因此你可能會有稍微不一樣的影響，但這些警告信號值得我們謹記在心：

- 你無法在截止日完成工作、達成任務或履行職責。
- 你的使用引起家人的抱怨。
- 你不希望孩子效仿你。
- 經常被科技分散注意力。
- 花時間在社群媒體、網絡或手機後，卻常常感覺更糟糕。
- 科技使用影響到你的睡眠或加重了其他的健康問題。
- 如果無法上網或看手機，你就會感到焦慮。

你的科技使用怎樣對你和身邊的人造成負面的影響？

知道引起問題的是使用時間、活動類型，還是兩者都有，將有助於你確定自己必須與科技建立何種界線。你可能感覺得到問題在哪裡，但你可以進行一些追蹤來收集更多的數據，而大多數人都低估了他們耗在線上的時間。如果你使用多個設備，或每次使用的時間短、但使用的頻率很高，那麼要追蹤科技使用的情況可能會有一點麻煩。不過，大多數電腦和智慧型手機都有提供這一類的數據（請檢查蘋果設備上的「螢幕使用時間」、安卓設備上的「數位健康」，或在 Windows 作業系統的電腦上使用 Time Sense 等應用程式）。請將數據記錄在表格中。你也可以在以下網址下載其他的科技使用追蹤器：http://www.newharbinger.com/47582。

時段	總共費時時間	活動或應用程式	想法或感受

完成追蹤後，審視你所收集的數據。

你今天使用科技的時間總共有多長？＿＿＿＿＿＿

你花最多時間在哪些活動或應用程式上？

一天中的哪些時段，你使用最多的螢幕時間？

對於你的使用，你有什麼想法或感受？若你注意到任何模式或令人擔憂的地方，請加以說明。

我們上網是為了不同的目的及滿足不同的需求。如果你能確認你在線上試圖滿足的潛在需求，你就會更成功地設定界線，並找到替代方案來滿足你的需求。比如說，你上線是為了買母親的生日禮物嗎？還是因為無聊或焦慮而上網買東西？比起為了讓自己感覺好一點而在網路上隨意瀏覽，像購買生日禮物這樣具有目的性的活動，不太可能導致問題性的科技使用。

找一個具體的科技使用問題。你試圖透過這個活動滿足哪些潛在的需求？

你對科技上癮嗎？雖然美國心理學會在《精神疾病診斷與統計手冊》（*The Diagnostic and Statistical Manual of Mental Disorders*）中並未認可科技成癮，但許多心理健康的專業人士相信，人們可能對網路、電玩遊戲、網路賭博、網路色情或性交流成癮。這些成癮的跡象包括：

- 強迫的使用（嘗試戒除或減少使用但未成功；無論有什麼負面後果仍持續使用；離線後仍在想著網路上發生的事）。
- 耐受性（花越來越多的時間在線上）。
- 戒斷的症狀（無法上網時會出現煩躁、不安、焦慮或憂鬱）。

你可以在像 PsychologyToday.com 和 GoodTherapy.org 這類的資源平台找到專門處理科技成癮的臨床醫生，也可以在以下網址的資源頁上找到有關網路成癮的資源：http://www.newharbinger.com/47582。

現在，你已經相當清楚自己在科技使用的哪些方面需要更好的界限。接下來，你可以開始設定這些界限了。

與科技設定界線

我們來著眼於限制科技使用的兩種主要界限。第一種界線的設定是爲了管理你自己的科技使用，其中可能包括時間的限制、內容的限制和地點的限制。第二種限制是爲了控制別人能透過科技使用找到你的方式和時間，其中包括何時回覆下班後的工作郵件、或是允許哪些人在社群媒體上向你發送訊息等等。

限制你自己的科技使用

用你透過追蹤收集到的數據，回答以下問題來建立限制科技使用的指引。

你會使用哪些科技？有哪些設備、應用程式或網站是你不使用的？哪些需要設定限制？

你何時會使用手機或其他設備？何時會避免使用它們？

你在哪裡會使用你的設備？哪裡不會使用？

你每天會花多少時間使用科技產品？

你會用這些時間改做些什麼事?思考那些你想要透過問題性的科技使用來滿足的潛在需求，並想想看還有其他什麼方式可以滿足這些需求。

無科技的時間和空間

在這些限制的基礎上，許多人和家庭發現建立無科技的時間和空間非常有幫助。通常來說，用餐時間和臥室是最理想的無科技時間和空間。這有助於我們消除分心和壓力，從而建立關係、促進用餐時的交流，以及睡前的放鬆。

無科技的時間和空間在有嚴格的界線（沒有例外）、以及家中的每個成員都同意遵守的情況下運作得最好。然而，就算你的伴侶或家中的其他成員不同意，你仍能從選擇在特定時間和地點避免使用科技中受益。而當其他人觀察到你的行爲後，他們很可能也會開始認同這個想法。

哪些時刻或場所不使用科技，有助於你或你的家人將你最重要的事情擺在首位？

增加不便性

根據葛瑞琴・魯賓（Gretchen Rubin）的觀點，你也可以利用「增加不便性」的策略來改變壞習慣。這個概念是，一件事情越麻煩，我們就越不可能去做。因此爲了減少某些活動，就讓它們變得更難實施。

以下是應用這個策略來解決問題性科技使用的一些方法：

- 刪除浪費時間或引起問題的應用程式，或將它們藏在較難找到的文件夾中。有時候眼不見爲淨。如果它們不在明顯的地方，你就可以避免誘惑。
- 爲了避免查看手機，你可以在開車時將它放在置物箱中，或在工作或睡覺時放在另一個房間。

- 完成使用後登出網站，不要保存用戶名和密碼，這樣再次造訪它們時就需要更多的工作量。
- 關閉一鍵購物功能，不要在電腦或購物網站上儲存信用卡號碼。相反的，要讓自己起身去拿信用卡，手動輸入卡號。
- 取出遙控器的電池，將其放在另一個房間。
- 封鎖那些你過度使用的網站。
- 不要每個串流服務都訂閱。限制選擇可以幫助你限制使用。
- 購買較小的行動數據流量。知道自己得支付超額的費用，可能會鼓勵你減少使用。

這些方法中有一些可能聽起來既愚蠢又無足輕重，但它們已經足夠讓你感到惱火或不便，而讓你對科技的使用考慮再三。通常，我們只需要短暫地不讓自己做這件事，直到衝動消失或投入到另一個活動中。

你將如何透過增加不便性來限制科技的使用？

限制他人在線上與你互動的方式

科技不僅使我們可以隨時隨地與任何人聯繫，並且已經成爲人們的期待。然而，這並不代表我們應該讓別人隨時都可以找到我們。讓朋友們可以隨時發訊息給你、老闆可以在週末打電話給你、或是會虐待人的前任伴侶在社群媒體上直接傳訊息給你，這些對你都沒好處。在這些情況下，你需要界線來保護你的身心健康、隱私、時間和人際關係。

界線是建立在個人權利的基礎上。所以，我們來看看你有哪些與科技相關的權利。

你有權利：

- 關閉你的手機。

- 不回電話、郵件或訊息。
- 結束電話。
- 離開群組聊天。
- 設定通話的時間限制。
- 封鎖某些人。
- 受到尊重的對待。
- 維護你的密碼和帳戶的私密性。
- 在社群媒體上取消追蹤或刪除好友。
- 對於那些反覆侵犯你的界線、威脅你或傷害你的人，你可以採取以上的任何行動而不需要任何的解釋或理由。

同樣的，內疚也可能是設定界線的一大障礙，這就是爲什麼了解你的權利是如此重要。你不能、也不該讓所有人隨時都可以找到你。設定界線來保護自己及滿足你的其他需求是健康的。

過於容易被人找到或聯繫上，曾經對你或你的家人造成哪些負面的影響？

你必須設定哪些界線來限制你的可聯繫性？想想看有哪些人、交流的平台或方式、以及時間是你必須有所限制的。

如果你必須在工作或親近的個人關係中設定界線，尤其如果這是與你以前的行爲不同的改變，那麼你可能需要告訴對方你的界線，好讓他們知道你會怎麼做。例如你可以告訴你的同事：「晚上七點是我最後一次查看訊息。晚上之後收到的訊息，我會在早上回覆。」或者你可以告訴一位如果你沒有馬上回覆訊息就會感到焦慮的朋友，你並不是忽視她，而是爲了限制你使用手機的時間，並且你通常會在兩個小時內聯繫她。這樣，對方就會了解你的期望和行爲方式，避免誤解和不必要的煩惱。

用科技來幫助你

諷刺的是，科技提供了一些有助於設定科技界線的有用工具。不過，科技的變化如此迅速，當你閱讀這篇文章時，一些工具可能已經過時了，而新的工具可能已經問世。以下是你可以開始著手的一些點子：

- 關閉通知以避免分心。
- 使用自動回覆郵件功能，以便在度假或非工作時間不必回覆郵件。
- 設定鬧鐘來提醒你已用完螢幕時間的配額。
- 使用「勿擾模式」來避免在特定的時間或被特定的人打擾。
- 封鎖你的手機、電子郵件或社群媒體上的人，讓他們無法聯繫你。

- 為電子設備設定密碼以保護你的隱私。
- 限制誰可以聯繫你或觀看你在社群媒體平台上的個人資料。
- 取消關注或解除那些在社群媒體上令你感到不適的人的好友關係。
- 將手機調整為灰階模式，使它不再吸引人。
- 使用「就寢時間」或「睡眠模式」以避免在指定的睡眠時間受打擾。
- 使用「螢幕使用時間」（蘋果設備）或「數位健康」（安卓設備）來限制你在特定應用程式及網站上花費的時間、暫停通知、防止下載應用程式，以及在非工作時間關閉工作應用程式和通知。

坦白說，管理螢幕時間的工具、設定和應用程式的種類多到令人眼花撩亂。你可能需要嘗試不同的設定和選項，才能找到支持你的目標的正確組合。你可能還必須請教對科技比較熟悉的人來幫助你了解這些選項。

你將使用哪些工具或應用程式來管理你的螢幕時間？或者誰可以幫助你？

對父母而言，限制孩子的螢幕時間、以及教導他們在科技的使用上設定界線是非常重要的工作。雖然這些主題超出了本書的範圍，但你也可以使用上述的許多設定和工具來限制孩子的科技使用。

總結

現在，你對科技怎樣給你帶來問題有了更好的了解，而且你也有了幫助你限制科技使用的工具。然而，科技在我們的生活中占了如此大的部分，並且變化迅速，與科技設定界限將是一種持續不斷的努力。繼續監控你的使用情況，將有助於在問題變得太嚴重之前及時加以處理。

你現在已經完成了這本書中的所有界線技巧了！我們將在結語中複習那些最重要的概念和技巧，並給你一些保持動力和解決可能出現的問題的建議，以便在繼續練習界線技巧時能夠一切順利。

結語

當你完成本書中的練習，你便已經在設定更好的界線方面取得重大的進展！學習新技能是一種過程，偶爾遭遇挫折及感到灰心是很正常的。因此，我們將複習一些重要的概念和保持動力的方法來總結這本書。

重要概念

本書涵蓋了很多概念，希望它們其中許多能對你產生影響。你甚至會有一些豁然開朗的時刻，以新的方式理解了某個概念或有了重要的領悟。爲了加強那些引起你共鳴的概念，請迅速瀏覽各個章節，並記下那些特別引人注目的概念，以及它們怎樣幫助了你。

	重要概念	這些概念怎樣幫助了你？
第一章		

第二章		
第三章		
第四章		
第五章		
第六章		
第七章		
第八章		
第九章		
第十章		
第十一章		
第十二章		
第十三章		
第十四章		

學習是一種持續的過程，因此回顧那些挑戰你的概念和練習也是有幫助的。哪些概念或練習可以讓你從回顧中受益？

保持動力

如你所知，設定界線是一項艱苦的工作。有時你可能會感到灰心或缺乏動力，特別是當你犯錯或遭遇挫折時。以下的建議可以幫助你保持動力。

從錯誤中學習

犯錯的感覺並不好受，因此我們通常會避免犯錯。然而，犯錯是學習過程中的正常部分，甚至有助於我們學習。試著將你最近一次設定界線時犯的錯誤，重新定義爲學習的機會。以下的問題可以幫助你。

從這次的經驗中，你學到了什麼？

下次你會有哪些不同的做法？

你需要進一步練習哪些技巧？

在這次嘗試設定界線的過程中，有哪些方面取得良好的效果？

善待自己

我們也必須注意，不要因為挫折和失望而批評自己，這麼做會降低動力，使設定界線變得更加困難，因為它會強化我們對自己的負面信念。對自己友善會更有成效，並在未來取得更好的結果。有一種方法是，對自己說一些富有同情心和安慰的話，例如：

- 這很困難，但我會再試一次。
- 只要堅持下去，我就會成功。
- 每個人都會犯錯，並且做事不完美。
- 越練習就越容易。

- 我選擇面對自己的恐懼。
- 設定新界線時感到不適和害怕是正常的。
- 不舒服的感覺將會過去。
- 我有權利受到尊重和尊嚴的對待。

當你感到心灰意冷時，你可以對自己說哪些富有同情心的話？

覺察到自己的成功

保持動力和建立信心的另一種方法，就是有意識地覺察你的成功和進步。

在空白底線處列出一些你在設定界線方面的成功。要記住，你要追求的是進步，而不是完美。小小的進步也可累積成巨大的改變！

此外，將成功清單保存在手機上或記錄在床頭邊的筆記本裡也很有幫助，如此一來，你便可以輕鬆地添加並定期複習來鼓勵自己。

結語

完成本書中的練習是一項了不起的成就！我敢說你一定也從自己的努力中有所獲益。當然，建立更好的界線的旅程不會就此結束。正如我在這整本書中所說的，設定界線是一種持續的過程，並且必須隨著你的需求、目標和人際關係的變化而進行調整和練習。因此，我鼓勵你繼續練習本書的界線技巧、尊重你的需求，並以友善和尊重來對待自己。有了這些基礎，你的界線、自尊心和人際關係都將蓬勃發展。

附錄

人的普遍需求清單

- 身體安全
- 情感安全
- 尊重
- 欣賞
- 愛
- 接納
- 理解
- 信任
- 誠實
- 友善
- 幫助或支持
- 身體接觸
- 連結
- 隱私或獨處
- 樂趣
- 安靜
- 刺激或新奇
- 創意表達
- 挑戰
- 食物和水
- 休息和睡眠
- 獨立或自主
- 精神連結

設定界線的四個步驟

步驟一：釐清你的需求和願望

- 我的界線相關問題是什麼？
- 我在這個情況中有哪些未被滿足的需求？
- 我在這個情況中有什麼感覺？而我想要什麼樣的感覺？
- 我想要什麼結果？我希望透過設定界線來達成什麼目標？
- 在＿＿＿＿（情況）時，我需要＿＿＿＿（需求），並希望感到＿＿＿＿（感受）。

步驟二：確認你的界線

- 我有哪些選擇？
- 這些選擇中，哪些是我能控制的？
- 哪個選擇對我來說最爲合理？

步驟三：落實你的界線

- 我將採取哪些行動？我將說什麼？我將在何時何地採取這些行動？
- 如果需要，我必須向他人請求什麼樣的行動或改變？
- 如果他們抗拒、忽視或生氣地回應我的界線，我會怎麼做？
- 我如何知道這個界線是否行得通？
- 我可能遇到什麼障礙？我將如何處理它們？

步驟四：對界線進行微調

- 我的界線是否成功？我的需求是否得到滿足？它是否創造了我想要的正向感受？
- 我是否遇到了界線的陷阱（沒有貫徹到底、誤認我的需求或感受、無法得到合作、放棄得太早）？
- 我必須做出什麼調整？

致謝

沒有人能獨力完成一本書！我要向那些支持我和這個構想的人表達衷心的感謝。

謝謝雷恩・布里希（Ryan Buresh）幫助我擴展這本書的想法，並使其成眞。

感謝新兆出版社（New Harbinger Publications）的編輯和工作人員的專業、細心，以及對心理健康的奉獻。

謝謝蜜雪兒・費利絲（Michelle Farris）擔任我的測試者和啦啦隊長。

感謝我家人的通融與支持。

此外，我也要感謝讀者、客戶和同事們的啓發及鼓勵，謝謝你們！

國家圖書館出版品預行編目（CIP）資料

正向界線練習：照顧好自己，尊重他人，界線使我們專注在最重要的事上／莎朗．馬汀（Sharon Martin）著；謝明憲譯. -- 初版. -- 臺北市：橡實文化出版：大雁出版基地發行，2023.09
面；　公分
譯自：The better boundaries workbook : a Cbt-based program to help you set limits, express your needs, and create healthy relationships.
ISBN 978-626-7313-33-6（平裝）

1.CST: 人際關係　2.CST: 生活指導

177.3　　112011368

BC1124

正向界線練習：
照顧好自己，尊重他人，界線使我們專注在最重要的事上

The Better Boundaries Workbook: A CBT-Based Program to Help You Set Limits, Express Your Needs, and Create Healthy Relationships

---

作　　者　莎朗．馬汀（Sharon Martin）
譯　　者　謝明憲
責任編輯　田哲榮
協力編輯　劉芸蓁
封面設計　斐類設計
內頁構成　歐陽碧智
校　　對　蔡昊恩

發 行 人　蘇拾平
總 編 輯　于芝峰
副總編輯　田哲榮
業務發行　王綬晨、邱紹溢、劉文雅
行銷企劃　陳詩婷
出　　版　橡實文化 ACORN Publishing
地址：231030 新北市新店區北新路三段 207-3 號 5 樓
電話：（02）8913-1005 傳眞：（02）8913-1056
網址：www.acornbooks.com.tw
E-mail 信箱：acorn@andbooks.com.tw
發　　行　大雁出版基地
地址：231030 新北市新店區北新路三段 207-3 號 5 樓
電話：（02）8913-1005　傳眞：（02）8913-1056
讀者服務信箱：andbooks@andbooks.com.tw
劃撥帳號：19983379　戶名：大雁文化事業股份有限公司

印　　刷　中原造像股份有限公司
初版一刷　2023 年 9 月
初版二刷　2024 年 4 月
定　　價　480 元
I S B N　978-626-7313-33-6